KiWi
1988

Das Buch

Charly, eine erfolglose Schauspielerin, bekommt ein Rollenangebot in einer anderen Stadt. Ausgerechnet jetzt stellt sie fest, dass sie schwanger ist – von wem, weiß sie nicht so genau. Grit fliegt aus ihrer WG und muss zu ihrem Freund ziehen, der sich das schon lange wünscht. Doch sie will ein Zimmer für sich allein, besser noch eine ganze Wohnung. Während ihr Freund auf der Suche nach ihrem zukünftigen Nest am Berliner Wohnungsmarkt verzweifelt, findet sie Zuflucht in einem Schrebergarten. Kessie kommt derweil ihrer Jugendliebe Nazim näher, als sie in die alte Heimat fährt, um ihre kranke Mutter im Pflegeheim einzugewöhnen. Der einzige Partner, der in den letzten Jahren an ihrer Seite war, war ihr Hund Pan. Die Möglichkeit eines anderen Lebens bietet sich, vielleicht ein letztes Mal – und jede der drei Frauen steht vor einer Entscheidung, die alles verändern könnte.

Die Autorin

Stefanie de Velasco, geboren 1978 im Rheinland, studierte Europäische Ethnologie und Politikwissenschaft. 2013 erschien ihr Debütroman »Tigermilch«, der in zahlreiche Sprachen übersetzt und für das Kino verfilmt wurde. 2019 folgte der Roman »Kein Teil der Welt«. Sie schreibt für verschiedene Zeitungen und Zeitschriften und arbeitet als Drehbuchautorin.

Stefanie de Velasco

Das Gras auf unserer Seite

Roman

Kiepenheuer & Witsch

1. Auflage 2025

Umschlaggestaltung und -illustration © gray318
Gesetzt aus der Scala
Satz Buch-Werkstatt GmbH, Bad Aibling
Druck und Bindung GGP Media GmbH, Pößneck
ISBN 978-3-462-00929-3

Kontaktadresse nach EU-Produktsicherheitsverordnung:
produktsicherheit@kiwi-verlag.de

Für meine Freundinnen.
Für Pinsel und Jan.

1
MENSTRUATION

Wir fressen –
Gras,
schaumgeborene Asianudeln,
Hamburger, halbe Hähnchen.

Wir fressen –
Alles, was aus dem Kinderwagen fällt:
Fetzen von Brezeln,
Teilchen von süßen Teilchen,
Maiswürmer in Speichel.

Wir fressen –
Aas
Knochen, Erbrochenes und Stuhl,
Absichtslos, aus Veranlagung.

Aus schmutzig bleiben: verse für hündinnen
von Grit Feigenhauer

In der Nacht kommt die Hitze. Sie kann nicht schlafen, das T-Shirt klebt an ihr, obwohl sie draußen unterm Birnbaum liegt. Grit hat ein Moskitonetz um die Matratze gespannt – wieder eine dieser Tropennächte, selbst der Garten verschafft kaum Abkühlung, aber diese Hitze hier ist keine Sommerhitze. Wie bei schwerer Migräne kündigt sie sich mit Aura an, gleitet vom Magen hoch bis hinters Gesicht und kriecht dann in jede einzelne Pore, wo sie eine Art Kopfleuchten erzeugt, sodass an Schlaf nicht mehr zu denken ist. *Perimenopause. Die Wechseljahre beginnen,* meinte die Gynäkologin, als Grit wissen wollte, was zur Hölle das bedeuten soll – *Perimenopause.* Sie wollte ihr Hormone verschreiben, aber Grit hat die durchwachten Nächte inzwischen lieb gewonnen, und den Schlaf holt sie tagsüber nach. Niemand zwingt sie, morgens aufzustehen. Eine Weile liegt sie einfach nur da und lauscht der Nachtigall im Holunderbusch, diesem elektronischen Sound, der so gar nicht nach Natur klingt, sondern nach Minimal Techno oder dem MRT letztes Jahr, als sie in die Röhre musste wegen des Lipoms in der Brust.

Das Bettgestell wankt, als sie ihre Hose anzieht, die Füße auf den Rasen setzt und in die Crocs schlüpft. Grit hat es mit Gurten an den Birnbaum hängen müssen, weil Anno nicht wollte, dass sich die Metallbeine in den Boden bohren und der Rasen darunter gelb wird, aber in die Hütte hat es auch nicht mehr gepasst. Bis an die Decke stapeln sich dort Umzugskisten, ineinander verkeilte Möbel, obenauf ihr Wäschekorb, noch voll mit dreckigen Klamotten. Einmal noch wird sie ihre Unterhosen auf links tragen, dann muss sie endlich waschen – sobald die Verwandtschaft weg ist. Ihre Schwester und ihr zukünftiger Schwager. Die Zwillinge. Otto und Wilhelm, diese Terrorneffen, die mit ihrem Geschrei, ihrem Getrampel und dem unstillbaren Verlangen nach Eis und Endgeräten seit einer Woche die Ruhe in Annos Wohnung stören – eine Woche, in der nur beige Nahrung aufgetischt wurde: Nudeln, Apfelmus, Pommes frites, Vanilleeis. Sie weiß, man darf vom Nachwuchs nicht genervt sein, schon gar nicht als kinderlose Frau Ende 40 mit einer fetten Rosazea im Gesicht von zu viel Eierlikör und Smarties, aber warum Alice die Kinder nicht bei den Eltern gelassen hat, versteht Grit nicht.

Zum Glück ist ihr der Garten eingefallen, als sie in der zweiten Nacht mit Bauchweh neben Anno auf dem Klappsofa im Wohnzimmer lag, während Alice nebenan so laut schnarchte, als wäre sie ein alter Sack mit Schlafapnoe.

Schwaches Mondlicht fällt auf das Fenster der Hütte, Grit betrachtet ihr Gesicht, das sich darin spiegelt – ein Werwolf mit ungewaschenen Haaren in einem alten Dirty-Dancing-Shirt –, fummelt sich das Gummi vom Handgelenk, ordnet die Haare, zieht den Pferdeschwanz fest, sodass er ihr ein natürliches Facelifting verpasst. Irgendetwas klemmt ihr zwischen den Zehen im Schuh. Ein Samen? Hier liegen überall Samen herum, manche groß wie Flummis, aber es ist nur ein Smartie.

Vorbei an wuchernden Himbeeren und verkrauteten Beeten bahnt sie sich den Weg zu der kleinen Wiese hinter der Hütte, auf der ihr Fahrrad steht. Nebenan in der Parzelle brennt Licht, schwach rot scheint es durch die Hecke. Noch so eine Schlaflose vielleicht, jedenfalls ist Grit nicht die Einzige, die hier auf dem alten Niemandsland zwischen Yorckbrücken und Potsdamer Platz übernachtet, obwohl das gegen die Kleingartenordnung verstößt.

In der letzten Saison haben Annos Eltern hier noch alles in Schuss gehalten, die Hecke gestutzt, den Rasen gemäht. Seitdem ist der Garten verwildert. Grit schiebt ihr Fahrrad auf den Schotterweg, legt drei Ikeataschen hinten in den Anhänger und beschwert sie mit dem Fahrradschloss. Im Park am Gleisdreieck übertönen die stumpfen Beats der Bluetoothboxen den Gesang der Nachtigallen. Auf der Brücke donnert die U1 in Richtung Westen, *BERLIN IS GAIAS CLITORIS,* hat jemand an die Pfeiler geschmiert, Mädchen in Croptops und Cargohosen tanzen darunter, es sind die gleichen Klamotten, die Grit getragen hat, als sie in ihrem Alter gewesen ist. Seltsam, dass sich so vieles wiederholt. Was meinte die Gynäkologin gestern? *Pubertät, nur rückwärts – das erwartet Sie in den kommenden Jahren.* Grit biegt an den Volleyballfeldern rechts ab, lässt sich am Baumarkt die Rampe runterrollen und überquert die Yorckstraße. Vor *Hisar* sitzt Partyvolk bei einem Gute-Nacht-Döner, in der neu gebauten öffentlichen Toilette verschanzen sich die Junkies, hocken eng beieinander, Grit hört sie kichern und husten, als sie an ihnen vorbeifährt. Da ist er wieder. Herr Trott – sie sieht den Schatten ihres Hundes neben sich herlaufen, die fliegenden Ohren, sie meint das Klackern der Krallen zu hören, als hätte er sich seine Pfoten mit Rosenkränzen beschlagen lassen. Sie hat ihn eine Weile nicht mehr gespürt – wie lange wird er noch bleiben? Sie rollt auf die Straße, stemmt sich aus dem Sattel und schaut über die Autos hinweg in die Hauseingänge. Neben der Bäckerei steht eine Umzugskiste. Grit parkt das Fahrrad und schaltet die Taschenlampe an ihrem Handy ein. Im Sperrbildschirm leuchtet eine Nachricht.

DOGVILLE

Kessie: Kurz vor Köln hat sich jemand vor die Gleise geworfen. Stehen im Bergischen Land.

Grit: O no ...

Kessie: Überall huschen Taschenlampen im Dunkeln. Schaffner meinte, wir sollen nicht aus dem Fenster schauen. Glaube, sie sammeln Leichenteile auf.

Grit: lol Du hast natürlich aus dem Fenster geschaut

Kessie: Nein, meinte der Typ neben mir. Ihm sei das schon auf der Strecke von Hamburg nach Hannover passiert. Wegen Muttertag, sagt er. So ein redseliger Eieresser.

Grit: Eieresser?

Kessie: Jemand, der auf Reisen Eier isst.

Grit: Oha...mache ich auch.

Kessie: Finde das grenzt an Belästigung.

Grit: Du meinst, Blähstigung? lol

Kessie: Hehe

Grit: Ich war vorhin bei dir. Du meintest den Heftstapel auf dem Schreibtisch, richtig? Nen anderen habe ich nicht gesehen. Schick ich dir montag … die Hefte liegen schon verpackt im garten

Kessie: Danke. Hätte ich niemals mehr in den Koffer gekriegt. Wollte die Hefte schon am WE korrigieren. Jetzt sind sie liegen geblieben.

Grit: War ja auch sehr plötzlich…dein aufbruch. Sag bescheid wenn du noch was brauchst oder wir sonst irgendwas für dich tun können …

Kessie: Ja, danke. Sag, welcher Garten eigentlich?

Grit: Von Annos eltern….die nutzen den nicht mehr und ich penne da seit Alice + Söhne da sind….das ging gar nicht mit so vielen Leuten in der kleinen Wohnung von anno…. bin fast durchgedreht.

Kessie: Ein Schrebergarten?

Grit: Ja der wird demnächst verkauft. Solange bleibe ich hier! Ha!

Grit beugt sich über die Kiste und leuchtet hinein. Hauptsächlich liegt Kleidung darin. Ein Paar Asos-Mokassins, darunter ein originalverpackter Spiralschneider und ein paar DVDs. Grit scannt den Barcode der Videos in der Momox-App ein. Alles, was mehr als 50 Cent wert ist, legt sie in den Fahrradanhänger. Die Kleidung ist nass und riecht nach Wein, Grit tastet den Stoff ab, dreht die Taschen einer kaputten Jeans auf links und findet einen Fünf-Euro-Schein. Einmal im Marie-Kondō-Wahn, nehmen sich Wegschmeißer im Rausch nicht mehr die Zeit, Hosentaschen zu leeren. Unter der Kleidung liegen Bücher, alle trocken. *Rich Dad, Poor Dad – Was die Reichen ihren Kindern über Geld beibringen.* Ratgeber bringen kein Geld, außer harte Esoterik. Engel und Außerirdische gehen immer – und natürlich Buddhismus. *Rich Dad, Poor Dad* bringt acht Euro, sagt die App. Sie legt das Buch in den Fahrradanhänger. Ist vielleicht was für ihren Schwager, als Versöhnungsgeschenk. Der liest so einen Blödsinn.

DOGVILLE

Kessie: Feuerwehr ist gekommen. Wird heute bestimmt nichts mehr mit einem Anschlusszug nach Ihrscheid. Feuerwehr spritzt jetzt den Zug ab.

Grit: Warum das??

Kessie: Eieresser meinte, die machen das Blut weg. So könne der Zug nicht in den nächsten Bahnhof fahren.

Grit: ok, krass!

Kessie: Werde mir in Köln ein Taxi nehmen müssen. Ärgerlich.

Grit: Weißt du schon, wie lange du in ihrscheid bleiben wirst?

Kessie: Habe absolut keine Ahnung.

Unten an der Hauptstraße hat vor Kurzem ein Biomarkt eröffnet, der sperrt seine Tonnen noch nicht ab. Grit fährt auf den Hof und rüttelt an der Klinke des Gitterkäfigs. Abgeschlossen, die haben schnell gelernt. Sie klemmt sich die Ikeataschen zwischen die Zähne und klettert über den Zaun. Ein Schwall Fliegen kommt ihr aus der ersten Tonne entgegen, es riecht nach vergammelten Molkereiprodukten, schnell wirft Grit den Deckel wieder zu. In der zweiten Tonne liegen Bananen, darunter Salatkartoffeln und Karotten. Die Bananen sind nicht einmal braun. Kohlrabi und Orangen, Äpfel und noch mehr Karotten liegen in der dritten, alles ein wenig runzlig, aber zu schade für die Tonne. Grit packt ein, hievt die Tasche über das Gitter, eine Karotte rollt dabei auf den Boden.

Herr Trott hätte sie sich sofort geschnappt, weggekaut und sich dann in seiner Bettlerpose vor sie hingestellt. Das schwarze Fell, der weiße Fleck auf der Brust, die liebsten Augen der Welt – kurz fühlt es sich an, als würde jemand auch an Grits Herz wie an einer Karotte nagen. 16 Jahre war er ihr Gefährte, hat sie in den Urlaub, auf Lesereisen, Fahrten zu ihren Eltern und nächtlichen Touren wie diesen begleitet. Sie wusste immer, dass der Hund einmal sterben würde, logisch – und zum Ende hin, als er 24 Stunden am Tag Pflege brauchte, war sie fast froh, als die Tierärztin meinte, jetzt ist Schluss. Einen neuen Hund will sie nicht haben. Neuer Hund, wie das klingt. Anderer Hund, auch nicht besser. Wer Tiere liebt, der hält sich keine, das klingt inzwischen gut. Sie packt die Karotte ein. Die Taschen sind fast voll, zu viel bleibt übrig. Tausende könnte sie mit dem speisen, was sie monatlich aus den Tonnen dieser Stadt holt. Ein letztes Mal steigt sie über den Zaun und öffnet die vierte Tonne. Croissants und Zimtschnecken liegen darin, etwas trocken, aber ansonsten völlig in Ordnung. Vielleicht möchten ihre Neffen die morgen zum Frühstück essen, als Versöhnungsmahl.

Sie schiebt das Rad mit dem schweren Anhänger die Potsdamer Straße runter, vorbei am Kleistpark, immer geradeaus bis zur Kurfürstenstraße. Die Nutten stehen zusammen, recken die Hälse, als Grit mit den Lebensmitteln vorbeikommt.

»Wollt ihr eine Zimtschnecke?«, fragt sie, aber die Nutten schütteln den Kopf und drehen sich weg, arrogant und elegant – denken sich wahrscheinlich, endlich mal eine, die nachts noch seltsamer unterwegs ist als wir. Grit legt einem schlafenden Obdachlosen eine Banane hin und ein Croissant. Der freut sich vielleicht am Morgen, dass ihm jemand Frühstück ans Bett gebracht hat. Sie schaut sich um, sie muss mal. Im Garten gibt es kein Klo, manchmal pinkelt sie auf die Blumen, das soll ganz gut sein, hat sie irgendwo gelesen, effektive Mikroorganismen – aber nur in Maßen. Sie stellt das Rad ab, hockt sich zwischen zwei Autos und lässt laufen. Machen doch alle. Männer. Ihr Schwager gestern am Kulturforum. Richtig stolz hat er sich am helllichten Tag einfach an einen Baum gestellt. Die Zwillinge haben große Augen gemacht, wie kleine Äffchen standen sie da, man konnte es in ihren Köpfen rattern hören – lernen am Modell.

Ein Kerl mit *4You*-Rucksack und Reflektorstreifenjacke läuft den Bürgersteig entlang, er weicht dem Fahrrad aus, dann erst entdeckt er Grit zwischen den Autos.

»Schäm dich was«, murmelt er und geht kopfschüttelnd weiter.

Grit zieht sich die Hose hoch. »Schäm dich selber was.«

DOGVILLE

Kessie: Geht zum Glück endlich weiter. Habe mir langsam Sorgen um Pan gemacht. Länger als 6 Stunden hält er nicht durch.

Grit:	Du hättest ihn bei mir lassen sollen …
Kessie:	Nein. Hast selber genug Ballast mit deiner Verwandtschaft in Annos kleiner Wohnung. Außerdem ist Pan ein angenehmer Puffer zwischen mir und meiner Mutter.
Grit:	Solltest du länger bleiben müssen kann ich ihn auch abholen …
Kessie:	Danke, du Beste. Sind gleich da. Kann schon den Rhein glitzern sehen.
Grit:	Gute weiterreise!
Kessie:	Danke. Melde mich morgen!

Kessie steckt das Telefon weg und schaut aus dem Fenster. Im Schritttempo fährt der ICE über die Hohenzollernbrücke in den Kölner Hauptbahnhof ein, vorbei an den mit Tausenden Vorhängeschlössern übersäten Gittern. Als junge Erwachsene konnte sie sich nicht sattsehen an diesen eisernen Liebesbeweisen, über Jahre hinweg von Paaren an der Brücke befestigt. Sie gaben Kessie bei jedem Überqueren der Brücke die diffuse Hoffnung auf eine Zukunft, in der auch sie nicht mehr allein sein würde. Inzwischen ekelt sie sich vor ihnen. Dicht an dicht rosten sie vor sich hin, verschmelzen immer mehr mit der Brücke – braun und bedeutungslos, genau wie die Hohenzollern.

Pan kommt unter dem Sitz hervor. Die ganze Fahrt hat er ausgeharrt, ohne einen Ton von sich zu geben. Kessie hat sich das teure Ticket für ihn gespart, stattdessen eine Tageszeitung gekauft und so auf ihrem Schoß ausgebreitet, dass der Hund verdeckt wird. Sie sieht es nicht ein – Hunde zahlen bei der Bahn so viel wie ein allein reisendes Kind, dabei darf Pan nicht mal auf einen Sitzplatz. Er schüttelt sich diskret und Kessie streicht ihm über das kurze Fell. Vor acht Jahren, als sie ihn am Strand von Torre-Pacheco fand, war er ein runtergekommenes Gerippe, voller Räude. Zu Anfang ließ er sich kaum locken. Sie versuchte es mit Chorizo, dann mit der fetten Salami aus Pamplona, doch erst, als sie ihm ein Stück Brot reichte, kam er näher, nahm es ihr aus der Hand und ließ sich streicheln. Nach dem spanischen Wort für Brot hat sie ihn benannt, nicht nach dem Gott Pan, auch wenn er mit seinen schwarz umrandeten Augen und den seidigen Schlappohren wie ein kleiner süßer Gott aussieht.

Kessies Sitznachbar – der Eieresser – steht auf und staunt. »Da lag die ganze Zeit ein Hund?«, fragt er.

Kessie lächelt.

Der Eieresser nickt anerkennend und wuchtet seinen Koffer aus der Gepäckablage. »Also dann, schöne Weiterfahrt und alles Gute für Ihre Mutter.«

»Danke.«

Pan gähnt und streckt sich – herabschauender Hund. *Adho Mukha Svanasana.* Sie hat die Yogamatte in Berlin vergessen. Sie praktiziert regelmäßig, aber nur, um ihre Bildschirmzeit auszugleichen. Sie erhofft sich keine Gelassenheit, Selbstliebe oder gar Erleuchtung dadurch. Auch wenn sie das in Ihrscheid sicher gebrauchen könnte. Kessie hat ihre Mutter in den letzten Jahren nur noch selten gesehen. Mal an einem Wochenende oder an Weihnachten. Diesmal wird sie länger bleiben müssen. *Sie ist gefallen. Der Nachbar hat sie im Treppenhaus gefunden. Sie war bei Bewusstsein, aber verwirrt. Sie hat immer wieder gesagt, dass sie dich vom Kindergarten abholen muss. Sie liegt im Krankenhaus mit einer heftigen Gehirnerschütterung.* Absurd, diese Nachricht ausgerechnet von Álvaro zu erhalten. Kessies Bruder ist mit 18 für ein Praktikum nach Spanien gegangen und nie wieder nach Deutschland zurückgekehrt. Keine Zeit, meinte er am Telefon, es tue ihm furchtbar leid, aber er könne seine Frau in der Hauptsaison mit den Kindern und dem Hotel nicht allein lassen. Ende des Monats komme er, also wird Kessie das erst mal allein durchziehen müssen.

Als der Zug zum Halten gekommen ist, lässt sie Pan zuerst raus und rollt mit dem Koffer zu den Aufzügen. Draußen am Taxistand dauert es eine Weile, bis jemand sie mit dem Hund einsteigen lässt.

DOGVILLE

Charly: my deer, bist du schon daa?
Kessie: Fast. Habe die letzte Regionalbahn verpasst. Sitze im Taxi nach Ihrscheid. Bin zum Glück gleich am Bahnhof.
Charly: äh warum fährt der dich nicht heim???
Kessie: Pan muss noch mal bewegt werden.
Charly: ok dann schrieb wenn du zuhaus bist kein bock dass die dich in einem blauen plastiksack zurück nach berlin schicken
Charly: *schreib

In Ihrscheid steht Kessies Mutter nicht wie sonst winkend am Bahnhof. Es ist kurz nach Mitternacht, der Bahnhofsvorplatz ist dunkel und verwaist. Der Taxifahrer stellt den Koffer auf den Bürgersteig, Kessie steckt die Quittung ein, verabschiedet sich und beugt sich zu Pan hinab. Den zieht es zum erstbesten Baum, aber vorher muss der Maulkorb drauf. Es ist schon lange nicht mehr so wie früher. Über die Jahre hinweg hat Pan nicht nur Dutzende Allergien entwickelt, sondern sich auch in eine Art Staubsauger verwandelt, der alles von der Straße aufnimmt, was halbwegs essbar erscheint. Würde er heute nur ein winziges Stück Brot fressen, bekäme er spätestens morgen Sodbrennen und blutigen Durchfall.

»Verfluchte Scheiße«, flüstert Kessie und wühlt in ihrer Tasche. Sie kann den Maulkorb nirgends finden. Sie muss ihn in der Aufregung im Zug vergessen haben. Vor ihr liegt die menschenleere Fußgängerzone von Ihrscheid. Vor einigen Jahren wurde die Kreisstadt an die ICE-Strecke nach Frankfurt angebunden, das gesamte Bahnhofsareal wurde modernisiert, nur das Amtsgericht sieht noch genauso schäbig aus wie damals, als Kessie dort vor einen Richter treten musste. Sie war allein mit diesem Mann in einem großen Raum. *Bei wem willst du leben,* fragte er, *bei deinem Vater oder deiner Mutter?* Der Richter wiederholte Kessies Aussage, sprach dabei leise in ein kabelloses Gerät, das er dicht vor seinen Mund hielt. *Bei meiner Mutter.*

»Aus«, zischt sie und zieht an der Leine. Pan gehorcht und lässt den Brezelfetzen fallen. Sie reicht ihm zur Belohnung ein Leckerli. Nur noch die Exoten verträgt er – Kamelfleisch, Strauß und Känguru. Sie wird ihm später sicherheitshalber einen Säureblocker geben. Ein kranker Hund ist das Letzte, was sie jetzt gebrauchen kann. Sie muss morgen ins Krankenhaus, Dolores besuchen und mit der Neurologin sprechen, sie muss Álvaro anrufen, die Öffnungszeiten der Fachhochschulbibliothek in Sankt Augustin googeln.

An der Sparkasse hebt Kessie Geld ab und zieht sich eine Packung Luckies aus dem Automaten. Sie raucht nur noch selten, aber ohne Zigaretten hält sie Ihrscheid nicht aus. Früher war die Gegend um den Bahnhof voller Nacktbars und Erotikläden. Wenn Kessie an Sonntagen betrunken und müde vom Feiern nach Hause wankte, kamen ihr vereinzelt Typen wie Zombies in einem Videospiel entgegen. Einmal sprach sie einer an, dunkler Anzug, milchige Flecken auf der Hose. *Kennst du die Furzelstraße?* Kessie ging weiter, aber er packte sie am Arm und sagte etwas, sie weiß nicht mehr, was, er hielt ihr ein Pornoheft ins Gesicht, daran erinnert sie sich noch. Und an die Abbildung – zwei in die Höhe gestreckte Beine und dazwischen eine dick belegte Zunge mit einer Furche zwischen den Papillen. Ein anderes Mal wartete sie frühmorgens auf die Straßenbahn, um auf den Flohmarkt in der Rheinaue zu fahren. Sie rauchte. Ein junger Mann setzte sich neben sie, blond und besoffen. Er öffnete seine Jeans und fing an, sich einen runterzuholen. Er lächelte sie an. Bis heute sieht sie seine Augen vor sich, das wässrige Blau, den plötzlichen Schmerz darin, als sie ihm die brennende Zigarette auf seinem Schwanz ausdrückte, und wie so oft gruselt sie sich vor diesem mutigen Leichtsinn, der ihr spätestens mit 20 völlig abhanden gekommen sein muss.

Von Weitem kommen die grauen Wohnblöcke der Baugenossenschaft in Sicht, Kessie kramt den Hausschlüssel der Mutter hervor. Der Familienname an der Klingel ist verblasst. Ihr Bruder erhielt noch einen spanischen Vornamen, beim zweiten Kind bestand Dolores auf einen deutschen: *Kerstin – damit du hier richtig zu Hause bist.* Pan reibt sich ausgiebig an den Wänden und hinterlässt dabei graue Schlieren im Treppenhaus. Früher hätte Kessie ihren Hund davon abgehalten, Dolores' Nachbarn sind Hobbyspitzel und Rassisten, doch ihre Mutter wird aller Wahrscheinlichkeit nach nicht mehr zurückkehren.

Als Kessie im zweiten Stock die Wohnungstür aufschließt, stößt ihr ein unangenehmer Geruch entgegen. Pan läuft mit der Nase am Boden ins Schlafzimmer der Mutter, Kessie kann ihn gerade noch davon abhalten, etwas vom Boden aufzuschlecken. Erbrochenes liegt auf dem Bettvorleger. Kessie rollt ihn zusammen und packt ihn im Bad in die Waschmaschine. Blutverschmierte Handtücher liegen darin. Sie füllt Waschpulver in die Kammer, schlägt die Tür zu und hält den Atem an, bis das Wasser zu rauschen beginnt. Durstig ist sie, gierig trinkt sie Wasser direkt aus dem Hahn, putzt sich die Zähne, bezieht Dolores' Bett frisch und legt ihre Kleidung ab. Pan hat sich müde von der Reise auf dem Sofa zusammengerollt.

DOGVILLE

Kessie: Bin da.
Charly: Toppp drum kann auch ich jetzt schlafen
Kessie: Wieso bist du noch so spät wach?
Charly: War ich gar nicht hab gepennt tief und fest doch dann hat vincent mich geweckt stand vor der tür am heulen. er trennt sich.
Kessie: Schon wieder?
Charly: ja der arme ich schlaf jetzt erstmal mit ihm
Kessie: Hehe. Tu was du nicht lassen kannst. Melde mich morgen früh. Gute Nacht!

Am Morgen wird Kessie von Pans feuchter Nase wach. Die halbe Nacht hat sie sich im Bett der Mutter gewälzt, bis der Hund gegen vier Uhr zu ihr ins Bett gekrochen ist. Müde durchstöbert sie die Küchenschränke nach ordentlichem Kaffee. Dolores hat immer nur *Linde's Kornkaffee* getrunken. In den 40 Jahren in Deutschland hat die Mutter ihre mediterrane Diät konsequent beibehalten, nur im obersten Kühlschrankfach findet Kessie Hausmacher Leberwurst und Sülze im Glas. *Guilty pleasure* – letztes Jahr an Weihnachten erklärte Kessie Dolores, was das heißt. *Gilti plätscher,* sagte Dolores, *deutsche Wurst.* Schon als Kinder lachten Álvaro und Kessie Tränen, wenn ihre Eltern englische oder lange deutsche Wörter aussprachen. *Sag Michael Jackson. (Mika-el Dschak-sonn), sag Streichholzschächtelchen (Estrei-kolz-schättel-tschen),* und auch die Eltern lachten über ihre katastrophale Aussprache. Heute ist Kessie froh, wenn Dolores überhaupt noch lächeln kann, so starr sind ihre Gesichtszüge inzwischen geworden.

Mit einer Tasse Muckefuck betritt sie den Balkon. Die Sonne bricht durch den Nebel, hinter den Dächern ragt der Michaelsberg mit der Benediktinerabtei hervor, am Ende der Straße steht der *real,* in dem Dolores als Kassiererin gearbeitet hat. Genau vier Jahre hatte sie was von ihrem Ruhestand, dann fingen die Stürze an. Zu Anfang vermutete Kessie, der Grund wären die verkürzten Achillessehnen ihrer Mutter. Sie zeigte ihr Dehnübungen, zusammen kauften sie ein Paar Turnschuhe mit Geleinlage, aber Dolores lief weiter mit hohen Absätzen herum und Kessie hörte auf, sich über die Stürze zu wundern. Die Anrufe aus Ihrscheid mehrten sich – *ich falle, ich falle.* Dann kam die Diagnose, Kessie nahm sie hin, ohne das Ausmaß der Erkrankung zu verstehen. Inzwischen kann sie es nicht mehr leugnen: Dolores hat in den letzten Jahren abgebaut. Ihre Sprache hat sich verändert, die Gesichtszüge sind starrer und gleichzeitig schlaffer geworden, sie haben der sonst so resoluten Mutter einen verträumten Ausdruck gegeben, den Kessie mögen würde, wenn sie nicht wüsste, dass er von der Erkrankung kommt.

Sie macht ein Foto von der Abtei auf dem Berg, dem Einkaufszentrum, dem pinken Himmel, filtert es in Pastelltönen und stellt es in den Hundechat.

DOGVILLE

Kessie:	Nichts macht dich so fertig wie deine Heimatstadt.
Charly:	Gumoooo ...
Grit:	hey du-hu warst du schon im krankenhaus?
Kessie:	Nein. Gehe gleich hin. Wünschte, ihr wärt hier.
Charly:	wenn dir alles zuviel wird komm ich nach ihrscheid
Grit:	Und ich mit
Charly:	auch wenn ich grad sowas von megapleite bin für dich fahr ich auch bis nach lummerland
Grit:	Hä? Du hast doch anfang Mai gedreht. Oder nicht?

Charly:	ja aber ich muss doch diese krasse tierarztrechnung abstottttern diese frau aus dem tiergarten hat ernst gemacht, bubba hatte streit mit einem bobtail er hasst diese wuschelhunde
Grit:	Mit streit meinst du eine Beißerei, korrekt?
Charly:	ich hab bubba irgendwann zu packen gekriegt aber die frau vom bobtail ist komplett durchgedreht sie meinte sie ruft die bullen, und dann hat die meinen perso ABFOTOGRAFIERT
Kessie:	Entschuldige. Das muss bei mir im Trubel um Dolores untergegangen sein.
Charly:	achtung angeschnallt hier kommt die rechnung
Grit:	wtf??!? 1500 Euro
Kessie:	Ordentlich.
Charly:	i know schöne scheisse
Grit:	»wundbehandlung und wundnaht«? Was hat bubba bitte mit dem armen bobtail gemacht??
Charly:	wo soll ich bitte so viel geld herholen
Kessie:	Soll ich dir was leihen?
Charly:	das würdest du machen???
Kessie:	Bedingung wäre Bubbas zeitnahe Kastration. Geld für die OP lege ich noch obendrauf. Muss jetzt mal los. Melde mich später.
Charly:	Was? nein

Charly schleudert das Telefon ans Bettende. Sie mag es, mit diesem Ding brutal umzugehen, zu riskieren, dass es kaputtgeht. Fritz hat ihr eine Klapphülle geschenkt, aber so was zieht sie ihrem Telefon nicht an. Wenn es ihres sein will, muss es sich wie Charly der Welt da draußen hingeben, die Härte und Hitze umarmen, tanzen muss es auf den spitzen Ecken und Kanten, die das Leben zu bieten hat, auch wenn es manchmal schmerzt. Nur, denkt Charly, kann ich das von einem Endgerät erwarten, wenn ich mich dazu selbst derzeit nicht in der Lage fühle?

Es ist Samstag, im Schmuckwinkel riecht es nach B12-Lasagne. Charly liebt die Gerichte, die ihr Mitbewohner kocht, aber heute wird ihr schlecht von dem Dunst, der aus dem Flur durch den Türspalt dringt.

Vincent liegt neben ihr im Bett und rückt an sie heran.

»Wie spät ist es?«, fragt er.

Warmer Atem strömt über ihre Schulter hinweg. Vincents Gesicht sieht zerknautscht aus, wie einer von Bubbas zerbissenen Bällen. Mitten in der Nacht ist er hier reingeschneit, Charly wollte ihn eigentlich nach dem Sex um Geld bitten – für die Tierarztrechnung –, aber ist grad nicht der beste Moment, ist mal wieder Trennungsphase. So geht das seit Ewigkeiten. Streit, Trennung, Therapie, Versöhnung – das sind Vincents Jahreszeiten. Sie kennt seine Frau kaum, die will nicht, dass Vincent mit seinen Exen rumgluckt. *Exen*. So nennt sie sie. Was für ein Wort. Alle vor ihr waren nur Reptilien, oder was? *Seine Frau*. Klingt wie *mein Hund*. Charly fällt der Name nicht ein. Lina, Ida, Mina, Stina – wahlweise auch auf E endend. So heißen junge Ehefrauen heutzutage, und die Kinder Ferdinand oder Oskar, Hedwig oder Wilhelmine. Die einen wie in Bullerbü groß geworden, die anderen wie aus der Hitlerjugend entlaufen.

Charly blinzelt durch die Brüstung des Hochbetts. Bubba döst auf seiner Couch unter dem Ladenfenster. Seine Ohren zucken, er träumt. Niemand würde bei dem Anblick darauf kommen, dass dieser sanfte Riese so ein Hells Angel werden kann. Wie sein Maulfleisch geglänzt hat, als sich seine Zähne in die Bobtailwolle gebohrt haben – wie der lederne Reißverschluss irgendeiner teuren Tasche. BK. Bubba Kaiser, King of Kiefergelenk, Herr der Hoden. Charly lässt sich zurück in die Kissen fallen. Geld muss reinkommen – regelmäßig, sie braucht ein Ziel, Methoden und Routinen statt Schulden und Ruinen. Aber wie und welche? Sie kriegt ja die Augen kaum auf. Sie hat schon immer gern, viel und lange geschlafen, aber das hier kennt sie nicht. Diese komatösen Nickerchen, morgens, mittags, abends, das muss aufhören.

Vincent zieht sie zu sich heran.

»Musst du nicht gleich zur Therapie?«, fragt Charly.

»Ja, gleich«, flüstert Vincent. Er küsst sie, Charly rückt nah an ihn heran, reibt die Wange an seinen Bartstoppeln, drückt ihre Nase an seinen Hals und saugt den tannigen Geruch auf. Sherwoodforestgrüne Augen hat Vincent. So muss Robin Hood gelächelt haben, als Lady Marian ihn beim Baden erwischt hat, als er zu ihr gesagt hat: *Verzeihung, aber ich befolge nur den Rat einer Lady*. Das dachte Charly, als sie Vincent zum ersten Mal traf. Jahre ist das her. Sie standen beide allein und dumm vorm *Berghain* herum, weil der Türsteher sie nicht reinlassen wollte. Vincent bot ihr einen Schluck von seinem warmen Bier an. Sie spazierten am Wasser entlang über die Spree zum

Badeschiff und kletterten über den Zaun. Das Schwimmbecken war mit einer Plane zugedeckt. Sie krochen ins Wasser, zogen sich ihre Sachen aus, dicht über ihnen die dicke Plane, und dort schliefen sie miteinander – es war so frisch und heiß zugleich, Vincents nasser, kühler Körper, übersät mit Leberflecken, wie ein Dalmatiner sah er aus. Danach lagen sie im Sand, über den Fluss schallten Beats und Jubelrufe von den Partybooten, und Vincent erzählte, dass er von einem der drei Musketiere abstamme. Charly hielt das für eine tollkühne Lüge, zu viel Testosteron im Blut nach dem Sex, aber sie liebte es – diese Geschichte, dieses Imponiergehabe, dass sich jemand so etwas Originelles einfallen ließ, um bewundert zu werden, und war fast enttäuscht, als Vincent ihr in der Woche darauf bei Wikipedia einen jungen Soldaten zeigte, der ihm tatsächlich verblüffend ähnlich sah, und ein Foto von einem Schwert, das in Paris bei seinen Eltern in einer Glasvitrine lag und diesem Musketier gehört haben soll.

Sie schiebt Vincents weißes, weiches T-Shirt hoch, fährt mit den Fingern über seine Rippen, streichelt das Tattoo an der linken Lende – ein Herz, *You and me and Bela Lugosi,* steht darin. Vincent stöhnt leise. Er beugt sich über Charly, seine langen Arme liegen neben ihren Schultern, schließen sie schützend ein in diese Höhle aus weicher, warmer Haut. Langsam und vorsichtig dringt er in sie ein, Charly hebt die Hüften und drückt ihre Vu an ihn wie eine glühende Raute. So macht man es bei Pferden und Rindern und bei teuren Taschen, so macht Charly es bei den Männern ihres Trios, brandmarkt sie wieder und wieder mit ihrem Zeichen: *MCK*, Maria Charlotte Kaiser – Königin des Koitus, Countess of Cunts, Femme Fontaine, sie fühlt sich satt und hungrig zugleich und dann immer hungriger und hungriger. Der erste Höhepunkt kommt langsam, wie Strom, der mit zu wenig Volt einen heißen Draht hochkriecht, der zweite dann umso schneller, ein Orgasmus, so flink wie ein Fuchs, der dem Kaninchen in den Bau folgt, es dann packt und – tot.

Vincent zieht das Kondom ab und löffelt sich an Charly ran. Sie presst ihren Hintern gegen seinen Schoß, fasst sich in den Schritt und legt die Hand auf ihre Vu. Die Haltung tröstet sie, wie als Kind das Stofftier im Arm ihr vor dem Einschlafen Trost gab. Beides drückt sie mit der gleichen Absicht an sich, nur warum? Warum dieses Trübsalgeblase? Alles ist gut und schön, bis auf das Geldproblem, und das ist seit jeher unausrottbar – wie Läuse im Kindergarten.

»Gehen zwei Zahnstocher durch den Wald, kommt ein Igel vorbei, sagt der eine Zahnstocher zu dem anderen, ich wusste gar nicht, dass es hier Busse gibt«, flüstert Vincent Charly ins Ohr, aber sie hört den obligatorischen Witz, den er ihr nach dem Sex erzählt, kaum, sie ist schon fast wieder weggedöst. Ihr Unterleib schmerzt. Vielleicht kriegt sie einfach nur ihre Tage, das verdrängt sie jeden Monat aufs Neue – diese rostrote Flut und was ihr an Müll vorausgeschwemmt wird: Kopfweh, Fressanfälle, Müdigkeit, Krämpfe. Seit 30 Jahren geht das so, genug Zeit, würde man meinen, um sich damit abzufinden, es als Teil ihres Lebens anzunehmen, aber trotzdem bleibt Charly dieser monatliche Überfall, diese Blutflut, fremd. Sie schreckt hoch.

»Was ist?«, fragt Vincent. Vielleicht blutet sie gleich los, sie hat keine Lust, die Bettwäsche zu wechseln – der einzige Nachteil an einem Hochbett –, sie hat auch keine Tampons mehr, wollte schon letzte Woche welche kaufen, selbst so was hat sie verschoben, und an ihren Füßen summt jetzt auch noch der Vibrator. Sie kriecht unter die Bettdecke, aber es ist nur das Telefon.

DOGVILLE

Grit:	@charly könnt ihr lebensmittel brauchen? War gestern mal wieder in tausend Tonnen tauchen...könnte in einer Stunde vorbeikommen ...
Charly:	ja voll gern kannst du mir noch 1 tampon mitbringen??
Grit:	ich hab dir doch diese mindtasse geschenkt.
Grit:	Mondtasse
Charly:	my deer die habe ich weggeschmissen ich hab die einmal reingemacht danach roch das ding wie handgerollter harzer käse selbst den topf musste ich wegschmeißen in dem ich die ausgekocht hab weil der so derbe gestunken hat
Grit:	Ich wasch sie einfach mit Seife...wie meine Hände....meine stinkt nicht aber verfärbt ist sie. Bräunlich. Unschön...aber gut.

Charly klaubt das Kondom auf und steigt die Leiter des Hochbetts runter. Wie lange sie da wohl noch rauf- und runterkommt? Hat sie sich nie gefragt – bis ihre Schauspielagentin letzte Woche hier aufgetaucht ist und sie darauf angesprochen hat. *Hast du nie Angst, da runterzufallen?*

 Alle paar Monate kommt sie unangemeldet vorbei. Charly

stellt ihr eine Untertasse für ihre Slimzigaretten hin und wartet, bis sie ihren Text aufgesagt hat. *Warum gehst du nicht ans Telefon? Wieso wirfst du dein Talent weg? War das da eben dein Freund? Wenn du einen Geldjob brauchst, ist keine Schande. Aber wenn du dich tot stellst, muss ich dich aus der Kartei nehmen.*

Charly legt das Kondom auf der Fensterbank ab und sucht nach ihrem T-Shirt. Niemals, denkt Charly und streift sich das T-Shirt über, niemals suche ich mir einen Job. Job, allein das Wort – klingt wie die Blasen im Morast, wenn ein Körper darin versinkt. Job, Job, Job. Bisher hat sie den Sachbearbeiter vom Morastcenter immer noch beruhigen können mit einer Handvoll Drehtagen, die sie im Jahr hat, aber jetzt will er ernst machen und sie in eine Maßnahme stecken. Also hat sie auch ein bisschen ernst gemacht. Hat zusammen mit der Agentin halbherzig ein Demoband zusammengeschnitten. Früher lief es mal ganz gut. Da hat sie in der Serie *Schwarzer Schmetterling* mitgespielt. Drei junge Frauen, die von einem fremden Planeten die Erde ansteuern, um sie vom All aus zu erforschen. Wie *Star Trek* – nur umgekehrt. Und lustiger. Zwei Staffeln hat sie die erste Steuerfrau gespielt, danach war Schluss. Gespielt und damit Geld verdient hat sie seit Jahren nicht. Einmal noch kam ein großes Angebot, Charly gab sich Mühe und bekam die Rolle. Im Sommer 2017 saß sie in der Maske bei der *heute-show* und ein Maskenbildner schnitt ihr die damals noch langen, dunkel gefärbten Haare zu einer frechen Kurzhaarfrisur. Vier Sketche sollte sie im Monat spielen – als Frauke Petry, doch nur einen Tag nach Charlys Verwandlung flog Frauke Petry aus dem Bundestag. Charly hat ihr lange hinterhergetrauert, dieser zierlichen Politikerin, die mit Rasierklingenlächeln forderte, Geflüchtete an der Grenze im Notfall zu erschießen, darum gebetet hat Charly, dass es was wird mit der seltsamen Partei, die sie versprach zu gründen, zumindest für drei Jahre. So lange wäre ihr Vertrag gegangen, satt kassiert und gut gelebt hätte sie, aber daraus wurde nichts, und jetzt ist Charly müde. Und mürbe. Sie hat aufgehört, das Spiel zu pflegen, hat diese eine wahre Liebe in ihrem Leben langsam, aber sicher verdursten lassen, und jetzt ist es zu spät, denkt sie. *Glaubst du, andere wären so weit gekommen, wenn sie sich von jeder Niederlage so entmutigen lassen würden? Glaubst du, dass du die Einzige bist, bei der mal eine Rolle platzt? Die Einzige, die am Set von irgendwelchen Ego-Regisseuren zusammengefaltet wird? Das ist der Beruf, meine Liebe! Er ist hart und er tut weh, und er bringt dich an den Abgrund. Und das ist gut so. Sonst könnte es ja jeder!*, meinte ihre Agentin, als sie die Szenen für das Demoband durchschauten.

Durch die Vorhänge fällt Tageslicht, die Schatten der Sukkulenten scheinen in der Sonne zu tanzen. Die Miete im Schmuckwinkel ist niedrig, das Jobcenter kann sie hier zum Glück nicht rauswerfen. Bevor Charly hier einzog, war der Schmuckwinkel ein Juweliergeschäft, so steht es draußen noch an der Fassade. Auf der alten Ladenfläche wohnt Charly, Küche und Bad teilt sie sich mit Fritz, der wohnt hinten und hat sich dort seine Goldschmiedewerkstatt eingerichtet. Seine Mutter hat ihm die Erdgeschosswohnung vererbt, als sie in Rente gegangen ist. Das Geschäft führt Fritz seitdem online. Er fertigt eigene Kollektionen an, repariert gerissene Ketten, Ohrringe und Armbanduhren. Vorwiegend verdient er sein Geld jedoch mit Workshops, in denen er Paaren beibringt, Trauringe zu schmieden.

Charly huscht mit dem Gummi in der Hand durch den Flur. Auf der Ablage im Bad steht Vincents Kulturbeutel – blau, schlicht, eine ehrliche Tasche ohne Schnickschnack. Zahnseide hängt aus dem Mülleimer. Fritz würde es sich selbst nach zehn Jahren des Zusammenwohnens nie erlauben, auch nur die kleinste Spur im Bad zu hinterlassen, und Charly benutzt keine Zahnseide. Sie klappt barfüßig den Eimer auf, versenkt das Kondom und lenkt mit spitzen Fingern die widerspenstigen Fäden in den Müll.

Charly blickt in den Spiegel. Käsig sieht sie aus, und ihre Brüste, diese flachen Dinger, wie verrutschte Schulterpolster, fühlen sich an, als hätte sie sie gegen Medizinbälle getauscht. Sie schneidet eine Grimasse – die von Jack Nicholson in *Shining* –, haucht einen Schrei, um die Muskeln im Kiefer zu lockern. Sie hat geknirscht im Schlaf, bestimmt wegen Vincent und dieser Trennung. Sie muss wohl im postkoitalen La-La-Land gewesen sein, als sie ihm erlaubt hat, hier zu schlafen. Von einem Nest ins andere, darauf spekulieren sie nach einer Trennung – das kennt sie. Charly liebt Babys und sie liebt Väter. Wer weiß, vielleicht hätte sie sich längst von ihrem Trio verabschiedet, wenn sie nicht nach und nach ins reproduktive Milieu geraten wären – alle außer Tristan, aber der ist ihr Jüngster und wird ganz sicher auch bald loslegen. Die Augenringe, die sie mit Stolz tragen, weil sie der Beweis sind, dass sie die Nacht an der Seite ihres Kindes verbracht haben, die gelben Flecken von zu Brei gekochten Karotten auf ihren T-Shirts – diese Symbole einer fatalen Lebensform erregen sie, vielleicht auf die Art, wie sich manches Mädchen vor 50 Jahren noch von sogenannten Rockern auf Motorrädern angezogen fühlte. Aber es ist nicht nur das. Charly liebt Vincent, sie liebt auch Leander und Tristan. Ganz ohne Halsband. Auf Englisch heißt ja Ehemann fast so, Halsband.

Sie schlägt den Badezimmerschrank zu, symmetrisch teilt der Spiegel ihr Gesicht in zwei Hälften. Charly spielt ein gerades Spiel: Schlafe immer mit derselben Handvoll Männern. Schlafe mit ihnen über Jahre, Jahrzehnte hinweg, sei ihnen treu, egal was aus ihnen wird, selbst wenn sie heiraten und in die Vaterschaft abrutschen. Und zwischendurch gönnst du dir einen *Cheeseburger* – Zufallsbekanntschaften, ein kleiner Happen zwischendurch –, und um dem Ganzen ein Umami-Aroma zu geben, wähle die Cheeseburger entweder sehr schön oder sehr hässlich. Schlafe immer mit denselben Männern, und iss Cheeseburger schnell, schling sie herunter, so wie Cheeseburger gegessen werden, bevor die Schönen anfangen hässlich und die Hässlichen schön zu werden.

Hinten in der Werkstatt sitzt Fritz an seinem Tisch und erhitzt ein Stück Metall. Als würde er gerade eine Shisha rauchen, so sieht er aus mit dem Blasrohr im Mund. Er strahlt dann eine Lässigkeit aus, die Charly ihm im echten Leben, außerhalb seiner Werkstatt, auch wünschen würde.

»Soll ich die Lasagne aus dem Ofen holen?«, fragt Charly.

Fritz nimmt das Blasrohr aus dem Mund und rollt mit dem Stuhl vor seinen nagelneuen Prometheus 2000. »Mache ich gleich.«

Neben dem Brennofen liegen Armbänder nebeneinander. *Umarmungen* – eine neue Kollektion für den Shop, darüber hängt ein geschmiedetes Schild mit einem Coco-

Chanel-Zitat. *Die schönsten Dinge im Leben sind kostenlos. Die zweitschönsten sind die teuersten.* Fritz kann nicht verhandeln, also hat Charly ihm vor vielen Jahren geraten, das Goethezitat, das seine Mutter an derselben Stelle hängen hatte *(Das einfach Schöne wird der Kenner schätzen, Verziertes aber spricht der Menge zu)* gegen das von Coco zu tauschen. Dann weiß die Kundschaft gleich, was Sache ist. Er streicht sich die dunklen Haare aus dem Gesicht und schaut durch das winzige Bullauge des Ofens.

»Hast du Hunger?«, fragt er.

»Nein«, sagt Charly. »Na ja. Weiß nicht. Mir ist irgendwie komisch.«

Vielleicht kommt die Übelkeit vom Geruch des angereicherten Kokoskäses, denkt Charly, er hat eine penetrante Kopfnote, wenn er einmal anfängt, im Ofen zu schmelzen. Fritz' B12–Lasagne ist gehaltvoller als jede Bolognesebombe.

»Vielleicht hast du nur Hunger«, sagt Fritz. Er steht auf, hängt seine Juwelierschürze an den Haken neben dem Terrassenfenster und nimmt das Kehrblech aus dem Regal. Sein T-Shirt rutscht hoch, als er auf dem Boden hockt und ein paar Metallspäne zusammenfegt, und sein kräftiger Rücken kommt zum Vorschein, aber Fritz ist für Charly wie Ken von Mattel: Er lächelt und hat Muskeln, doch wenn du ihm die Hose runterziehst, ist da garantiert nichts außer eine Unterhose aus fleischfarbenem Kunststoff.

DOGVILLE

Grit: Einsamer OB sucht Vagina.
Charly: OB like oberbürgermeister?
Grit: Tampon....du Spaten.

Grit fühlt den Tampon in der winzigen Tasche ihrer Jeans. Er lag im Schrank über der Spüle in der Gartenküche – muss noch von Annos Mutter sein. Uraltes Ding. Steif und einsam, an der Taille grün verschnürt – fast Charity, ihn nach all den Jahren endlich dem Zweck zuzuführen, für den er auf die Welt gekommen ist.

Die Sonne steht hoch und brennt auf den Asphalt. Es ist Markttag und unter der S-Bahnbrücke haben sich Menschen versammelt, die heimlich aus großen Trolleys Süßigkeiten und Shampoo verkaufen. Grit schiebt das Rad dicht am Crelledschungel entlang die Straße hoch, vorbei an schreienden Händlern, die riesige Wassermelonen, Oliven und Minze anbieten. Anno steht vor seiner Haustür. Er trägt eine Sonnenbrille, nimmt sie kurz ab, um Grit zu küssen. »Guten Morgen«, sagt er.

Dunkle Ringe ziehen sich um seine Augen und geben ihm das Aussehen eines süßen Waschbärs.

»Hast du auch nicht geschlafen?«

Anno lächelt. »Doch. Bisschen. Sind das Lebensmittel?« Er zeigt auf den Anhänger.

»Die rote Tasche ist für uns, die gelbe für Charly und Fritz.«

Anno packt die Tasche und Grit folgt ihm ins Treppenhaus. Oben in der Wohnung frühstücken Grits Schwester Alice, ihr Mann Dirk, Otto und Wilhelm. Alice sieht erschöpft aus. Hochschwanger sitzt sie umringt von ihren Söhnen am Küchentisch.

Es war Dirks Idee, die Trauringe für ihre Hochzeit selbst zu designen. Die ganze Woche haben sie bei Fritz in der Werkstatt verbracht und an den Ringen gefeilt. Immer

wieder hat Grit versucht, ihrer Schwester das auszureden –

hochschwanger heiraten. Nach zehn Jahre Beziehung und zwei Kindern kommt es doch nicht mehr auf den Tag an, aber Alice wollte nicht länger warten. *So viele Krisen, so viel Unglück auf der Welt – da wollen wir zumindest als Familie, als kleinster Kern der Gesellschaft, noch enger aneinanderrücken und uns nicht spalten lassen.*

Wilhelm macht sich einen Spaß daraus, wieder und wieder mit dem Mund nach Alices Brüsten zu schnappen. »Lass das«, flüstert sie, gibt aber schließlich auf und lässt ihn mit rollenden Augen ran. Dirk blickt nur kurz von seinem Smartphone auf, als Grit ihn begrüßt, und nippt an seiner Kaffeetasse. In vier Wochen wird sie offiziell mit diesem Kretin verschwägert sein – ein Typ, der aussieht wie eine Provinzversion von Quentin Tarantino, einer von diesen Rheinländern, die ihren Berlinhass seit der Wende noch härter feiern als ihren widerlichen Karneval. Seit Monaten plant er diese Hochzeit. Grit graut es davor. Frauen werden in geliehenen Kleidern auftauchen, für die sie wochenlang versucht haben abzunehmen, und Männer im Frack, sie sieht Dirks selbstbewusste Kumpels schon mit lässig übergeworfenem Sakko im Rudel um den Grill stehen. *Auf meiner Hochzeit wird gegrillt* – wie oft hat sie ihn diesen Satz die Woche sagen hören? 20, 30 Mal?

»Ich habe was mitgebracht«, sagt Grit, holt Zimtschnecken und Croissants hervor. Die Zwillinge greifen nach dem Gebäck, aber Dirk ist schneller, hastig legt er beide Hände über den Brotkorb.

»Ist das wieder aus dem Müll?«, fragt er. »Ich habe dir schon oft genug gesagt, dass wir so was nicht essen. Und ich möchte, dass du das akzeptierst.« Er steht auf. »Wir sind eh schon viel zu spät dran. Kommt. Abfahrt.«

Alice erhebt sich stöhnend, beugt sich zu Anno und umarmt ihn. »Ich hoffe, wir waren euch keine Last!«

»Quatsch«, sagt Anno.

»War sicher ganz schön viel für euch! Sorry. Aber die Hochzeit ist schon so teuer und dieser Workshop von Charlys Mitbewohner, das lässt der sich auch ordentlich bezahlen.«

»Es ist wirklich gar kein Problem, ich freue mich, dass ihr hier wart.«

»*We are family*«, singt sie schief und wiegt ihren Babybauch, »jedenfalls in vier Wochen, dann auch richtig offiziell.« Alice umarmt Grit fest. »Ciao, Schwesterherz. Wir sehen uns auf der Hochzeit.«

Was ist nur passiert, fragt Grit sich, während sie Alice über den Rücken streicht. Früher waren sie unzertrennlich. Ganz selbstverständlich folgte Alice ihr nach der Schule zum Studium nach Berlin. Grit, die damals schon vier Jahre hier lebte, nahm sie unter ihre Fittiche, half ihr, den Dreck, die Irren und den Lärm lieben zu lernen. Gemeinsam wollten sie nach Alice' Zahnmedizinstudium um die Welt reisen – aber Alice kam nur bis Maastricht. Dort lernte sie Dirk bei einem Praktikum kennen. Sie zogen zusammen, kauften Möbel bei Ikea und tauchten überall nur noch zu zweit auf. Irgendwann in dieser Zeit, noch bevor die Zwillinge zur Welt kamen, musste Grit Alice verloren haben. Sie kann den Weg, die Stelle nicht mehr ausmachen. Eine Weile hat sie sich dagegen gewehrt, versucht, sich auf die wenigen gemeinsamen Nenner zu konzentrieren, die Liebe zu veganem Eierlikör und Hunden, aber Alice trinkt schon seit Jahren keinen Alkohol mehr, und seit Herr Trott nicht mehr lebt, ist da nur noch dieses Gefühl, in einer unkündbaren Beziehung zu sein.

»Mach's gut, Kumpel«, sagt Dirk und schlägt Anno kräftig auf den schmalen Rücken.

»Tschüüüs«, quietschen Otto und Wilhelm und trappeln in den Flur. Dirk drängt sich mit einem großen Koffer an Grit vorbei.

»Jetzt hast du wieder deine Ruhe«, sagt er. »Aber mal ernsthaft, du musst echt lernen, dich zu entspannen. Vor allem bei den Jungs. *Boys will be boys.* Die *special energy* von denen, die muss raus. Die zahlen später deine Rente, sieh es mal so.«

Endlich fällt die Tür ins Schloss.

Grit fläzt sich aufs Sofa und stopft eine Zimtschnecke in sich rein.

»Ist das aus dem Müll?«, fragt Anno grinsend und nimmt sich ein Croissant.

»Boys will be boys«, ruft Grit mit vollem Mund. »Ein Glück ist das vorbei.«

»Ich habe sie gern hier gehabt. Kinder sind halt nervig. Dieser Dirk. Wie anders er tickt. Das kriegt man ja erst so richtig mit, wenn man mal länger mit ihm zusammen ist. Interessant.«

»Interessant? Der ist so normal, dass es krank ist. Normopathisch!«

»Ich habe ihn auf dem Klo belauscht«, sagt Anno. »Er sagt sich jeden Morgen die gleichen Affirmationen vor. *Ich bin ein genialer und brillanter Unternehmer. Ich ziehe Geld an. Meine Frau und meine Kinder vergöttern mich. Meine Asset Allocation ist mutig und kreativ.* Oder so.«

Grit schluckt den Rest der Zimtschnecke herunter. »*Ich*

erreiche all meine Ziele mühelos. Ich bin leidenschaftlich und diszipliniert. Ich bin der MC meiner Träume, der DJ meines Lebens.«

»Aber es müssen ja auch nicht immer alle gleich ticken. Ist doch nett, mal ein bisschen Leben im Haus«, sagt Anno. »Eine junge Familie mit richtigen Problemen.«

»Heißt das, meine Probleme sind gar keine?«

»Na ja, du hast keine Kinder, um die du dich kümmern musst.«

»Na und? Ich suche seit Wochen eine Wohnung und finde nicht mal das kleinste Mauseloch.«

Anno wuschelt Grit durchs Haar, die zieht den Kopf weg.

»Ernsthaft, so geht das nicht weiter. Wir zwei hier in dieser kleinen Wohnung. Ich bleibe jetzt erst mal im Garten, dachte ich. Ist vielleicht am besten.«

»Der Garten wird in einem Monat verkauft, das weißt du«, sagt Anno.

»Aber so lange kann ich doch dort wohnen bleiben.«

»Da wirst du auch keine Ruhe zum Schreiben haben. Ich muss den Garten herrichten, weil Ende des Monats der Vorstand die Parzellen inspiziert.«

»Inspiziert, warum?«

»Na, diese Vereine haben Auflagen«, sagt Anno, »da muss ein Teil Gemüse und Obst wachsen, da muss die Hecke auf eine bestimmte Höhe getrimmt werden, und wenn das nicht so ist, fliegst du aus dem Verein. Das mache ich jetzt für die neuen Besitzer, weil die das nicht schaffen würden bis zu dem Termin.«

»Es gibt schon neue Besitzer?«

 »Ja, auf jeden Fall eine Zusage. Mein Vater kann sich

vor Angeboten kaum retten. So ein Architektenpaar. Die sind gerade noch auf Bali bis zum Ende ihrer Elternzeit.«

Grit nimmt sich ein Croissant, reißt es in Stücke. »Was ist das für eine Stasischeiße mit der Gartenbegehung? Gehen die mit einem Klemmbrett durch die Gärten und schauen, wie viele Kartoffeln in der Erde stecken?«

Anno wiegt den Kopf. »Mehr oder weniger. Die Begehung ist immer am ersten Juliwochenende, an dem Tag findet auch ein Fest statt, das der Verein organisiert. Begehung und danach Party sozusagen. Aber wenn der Garten so aussieht wie jetzt, dann kriegst du eine Abmahnung und fliegst raus. Das sind die Regeln der Kleingartenordnung. Dann ist die Party für dich vorbei.«

»Aber da sind doch voll viele Gärten verwildert.«

»Na, bis Ende Juni ist ja noch Zeit. Das wissen da alle.« Anno steht auf und räumt das Geschirr zusammen.

»Im Garten habe ich besser geschrieben als hier«, sagt Grit.

»Es ist verboten, da zu wohnen.«

»Weiß ich doch«, sagt Grit, »aber alle pennen da. Wo sollen die denn auch hin, wenn man in dieser Stadt keine Wohnung mehr findet?«

»Mein Gott, verstehst du das nicht«, ruft Anno, »der Garten ist verkauft! Ich muss mich jetzt darum kümmern.«

»Ich kann doch den Garten pflegen.«

»Du? Du kannst doch nicht mal Radieschen setzen. Wir könnten uns auch gemeinsam ein Büro suchen. Oder eine größere Wohnung.«

»Ich kann nicht mal Radieschen setzen? Natürlich kann ich das, ist ja wohl keine Kunst.«

Anno lacht und stellt seinen Teller in die Spüle. »Du hast wirklich keine Ahnung, wie viel Arbeit so ein Garten ist.«

»Aber du, ja?«

»Ich habe jedenfalls schon mal eine Hecke getrimmt, Tomaten gepflanzt, Humus ausgetragen.«

Grit runzelt die Stirn. »Hummus? Was hat denn das mit Gartenpflege zu tun?«

Anno schaut Grit entgeistert an. »Mein Gott, Humus. Nicht Hummus!«

Grit räumt das restliche Geschirr zusammen und stellt es neben die Spüle.

»Das lässt sich doch lernen. Ist doch schön, so ein Fleckchen Grün mitten in der Stadt.«

»Ich habe keine Lust, mir einen Garten ans Bein zu binden«, sagt Anno. »Ich will den Sommer auf Bornholm am Strand liegen und nicht hier in Berlin in diesem sandigen Boden wühlen, auf dem eh nichts wächst außer Bohnen und Kartoffeln. Und wenn wir schon keine richtige Familie haben, würde ich mit meiner Partnerin doch gern zumindest zusammenwohnen.«

»Keine richtige Familie? Was soll das denn jetzt heißen?«

»Ich meine doch nur, keine eigenen Kinder. Ich dachte immer, es wäre klar, dass du nicht in der WG bleibst, wenn der Hund mal nicht mehr ist. Und dass wir dann zusammenziehen.«

»Ich habe dir immer gesagt, dass ich keine Kinder will.«

Anno verdreht die Augen, lässt Wasser in die Spüle laufen. »Mein Gott, das weiß ich doch. Außerdem wäre es jetzt eh zu spät. Selbst wenn ich wollte.«

»Für mich ja«, sagt Grit. Sie geht in den Flur und schlüpft in ihre Crocs. »Für dich nicht.«

Anno folgt Grit, von seinen Händen tropft es auf den Boden. »Ich will doch gar nicht!«

»Kannst dir ja noch jemanden suchen, mit dem du das Projekt angehen kannst. Die zieht vielleicht dann auch gleich hier ein. Solange deine Wohnung aussieht wie eine Mischung aus Steuerbüro und Mid-Century-Möbellager, werde ich das sowieso nicht tun.«

Anno packt sie am T-Shirt, fehlt nur noch, dass er so was wie *Hiergeblieben, Fräulein* sagt.

»Wo gehst du hin?«

»Zu Charly und danach in den Garten.«

»Okay.« Anno trocknet sich die Hände an der Jeans ab. »Dann kannst du ja da bis zur Begehung Ordnung schaffen.«

»So lange darf ich im Garten wohnen?«

»Wenn du da aufräumst, ja. Wenn der Garten bei der Begehung durchfällt, bezahlst du die Instandsetzung durch ein professionelles Gartenbauunternehmen.«

»Okay. Und wenn der Garten die Prüfung besteht, darf ich ihn haben?«

»Grit, du hast doch gar kein Geld. Der Hund hat dein ganzes Erspartes aufgefressen.«

»Was kostet der Garten?«

»Das musst du mit meinem Vater besprechen.«

»Das schaffe ich«, brummt Grit.

Draußen schließt sie ihr Fahrrad auf und saust den Abhang vom Crellemarkt runter bis zum Friedhof. Unter der S-Bahnbrücke steht die Polizei und filzt die illegalen Händler. Grit steigt ab, als einer der Bullen sie mahnend ansieht, und schiebt das Rad am Friedhof vorbei die Straße hoch. Charlys Schmuckwinkel liegt still und dunkel da, die Leinenvorhänge sind zugezogen. Grit klopft vorsichtig an die Scheibe. Manchmal schaut Charly bis tief in die Nacht Filme auf diesen Vorhängen. Erst vorgestern, einen Tag vor Kessies plötzlicher Abreise, haben sie bei *Cielo di Berlino* Pizza geholt, auf Charlys Sofa gelegen und Fellinis *Roma* gesehen. Charly, Kessie, Grit, Anno, Fritz und zwischen ihnen die Hunde, Pan und Bubba, wie Heizkissen mit feuchten Nasen. Herr Trott fehlte, sie redeten über ihn, über seine Bettlerpfote und seine feine Nase, die vor dem Reichstag Trüffel aufspürte, und Grit musste noch mal erklären, wie sie ihm das beigebracht hatte, mit Überraschungseiern und Trüffelöl vom EDEKA, und Kessie meinte schließlich, schreib doch einfach hier drüber, schreib doch über uns und die Hunde, und Grit dachte, vielleicht ist das die Lösung, es ist doch alles da, du musst dir gar nichts ausdenken, aber genau wie die Fresken in *Roma* hinter der verborgenen Mauer beim Eindringen der Archäologen ausbleichen, genau wie die Statuen im grellen Licht der Forscher zerfallen, so zerfallen Grit derzeit all ihre Texte.

Der Vorhang zuckt. Ein riesiger Hundekopf schaut genau in der Mitte hervor, bewegungslos wie ein toter Hirsch an der Wand, fehlt nur noch das Geweih. Bubba. Er bellt, als er Grit sieht – sein lautes Organ lässt die Scheiben vibrieren. Der Vorhang bewegt sich erneut und neben Bubba taucht Charly auf. Sie grinst und zieht den Vorhang beiseite, kurz steht sie splitternackt vor Grit. Wie ein queeres Schneewittchen mit Jim-Jarmusch-Frisur sieht sie aus: roter Mund, weiße Haut, vernarbte Schienbeine und graue Haare, die in alle Richtungen von ihrem Kopf abstehen. Eine nackte Charly ist ein Zeichen. Einer ihrer sieben Zwerge ist da. Vielleicht sind es auch mehr. Oder weniger. Grit blickt nicht durch in Charlys Liebesleben. Der Vorhang fällt und kurz darauf klickt das Türschloss neben dem Fenster.

»Guten Morgen«, sagt Charly, ihre Stimme klingt heiser.

»Na, gerade erst aufgestanden?«

Charly grinst schief. Ihre Zahnlücken werden sichtbar, links und rechts neben den Schneidezähnen, da fehlen ihr noch Implantate.

»Hast du Besuch?«

»Ja, aber der geht jetzt.«

»Die Lebensmittel müssen in den Kühlschrank.«

»Ich hole Fritz, der hilft dir. Danach wollte ich mit Bubba Gassi gehen. Kommst du mit?«

»Unbedingt. Ich brauche Auslauf. Apropos«, sagt Grit und hält Charly den Tampon hin. Bubba drängt sich durch die Tür, bevor Charly sie schließt, er läuft auf den erstbesten Baum zu und hebt das Bein. Sein Strahl ist breit und kräftig, als würde er aus einem Gartenschlauch pinkeln. Das ist kein Hund, das ist ein Shetlandpony, dachte Grit, als sie Bubba zum ersten Mal sah. Da war er gerade mal zehn Monate alt. Inzwischen ähnelt er eher einem Gorilla. Sie packt ihn am Halsband und behält die Straße im Blick. Er ist lieb und gutmütig, aber nur, solange ihm kein anderer männlich kommt. Die meisten Rüden sind so schlau und unterwerfen sich, lecken ihm die Lefzen, legen sich vor ihm auf den Rücken. Wenn nicht, dann gibt es Ohrenernte.

DOGVILLE

Kessie:	@grit Hast du die Hefte von meinen Schüler:innen schon verschickt? Falls nein, würde es dir etwas ausmachen mir noch meine Yogamatte einzupacken? Kannst sie falten. Und die Pflanzen gießen?
Grit:	Klaro ...
Kessie:	Stehe vorm Krankenhaus und rauche eine. Gehe gleich hoch. Hoffe, meine Mutter sieht nicht zu arg lädiert aus. Danach Gespräch mit der behandelnden Ärztin.
Grit:	Ich denke an dich
Charly:	my deer ich auch! ist jetzt etwas unpassend wollte dir aber trotzdem schnell zurufen ich kann bubba nicht kastrieren lassen. leihst du mir trotzdem die kohle für die TA rechnung
Kessie:	Nein.
Charly:	come on
Kessie:	Kriegst das Geld nur bei Kastration.
Charly:	können wir kurz tele?
Kessie:	Nein.

Dolores liegt in der Neurologie. Kessie passiert die Pforte und nimmt die Treppen. Auf jeder Etage bedient sie sich an den Desinfektionsstationen, reibt ihre Hände mit dem scharf riechenden Gel ein, als könne es sie immunisieren. Obwohl die Maskenpflicht schon lange nicht mehr gilt, trägt sie heute ihren schwarzen FFP2-Mundschutz. Sie hat den Widerstand dagegen nie verstanden, im Gegenteil. Die Maske schützt sie an Tagen wie diesen – nicht nur vor Infektionen. Dolores soll ihr den Schrecken nicht ansehen können. Bevor sie das Krankenzimmer betritt, drückt sie sich den Bügel der Maske noch fester auf die Nase. »Mama«, ruft Kessie und versucht, fröhlich zu klingen. »Wie geht es dir?«

Dolores liegt im Bett, in einem dieser Krankenhaushemden, graue Rauten darauf, wie stumpfe Diamanten, ihr Gesicht ist stark geschwollen, grün und blau verfärbt. Sie lächelt schief.

»Was machst du denn nur für Sachen?«

»Ich falle«, sagt Dolores und wechselt dann ins Spanische. Kessie starrt auf die blauen Flecken, während ihre Mutter spricht, auf den schmalen Körper, ungeschminkt liegt sie da, das Haar platt mit weißem Ansatz.

»Ich weiß, wie es um mich steht. Ich habe mich schon vor vielen Jahren im Pflegeheim auf die Liste setzen lassen. Ich habe für alles gesorgt. Selbst meine Beerdigung ist bezahlt.«

»Ist gut, Mama«, sagt Kessie und nimmt ihre Hand. »Jetzt erhol dich erst einmal. Brauchst du irgendwas aus deiner Wohnung? Du bist doch ganz überstürzt hier eingeliefert worden.«

»Ich habe immer eine Tasche fürs Krankenhaus gepackt, das weißt du doch.«

»Weiß ich.«

»Das Essen ist ekelhaft, wann komme ich hier raus?«

»Eine Woche musst du noch bleiben.«

»Ein Stück Tortilla kannst du mir bringen. Da ist noch welche im Kühlschrank. Meine Lesebrille. Und Handcreme.« Sie versucht, sich aufzurichten, lässt sich dann wieder in die Kissen sinken. »Wie geht es dir? Lebst du immer noch allein? Du bist zu anspruchsvoll, wie oft soll ich dir das noch sagen?«

Kessie hält die Hand der Mutter und erzählt Unverfängliches von der Arbeit in der Sprachschule, und währenddessen blickt Dolores sie starr an, wie eine Porzellanfigur, die Haut keramisch glatt, übersät mit blauen Flecken, wie zu dünn aufgetragene Farbe. Kessie sieht das Gesicht der Mutter in tausend Teile zersplittern, sie findet nicht zurück zu der alten Dolores mit den vielen Grübchen, selbst ihr Lächeln sieht irgendwie falsch aus. Es klopft an der Tür, eine Krankenpflegerin schaut herein.

»Frau González, die Neurologin hat jetzt Zeit für Sie.«

Kessie steht auf und küsst Dolores vorsichtig. »Ich bin gleich wieder da.«

Im Sprechzimmer ist es angenehm kühl. Die Ärztin begrüßt sie freundlich. »Hatten Sie eine angenehme Reise?«

Kessie setzt sich. »Ja. Ich werde auch eine Weile bleiben können.«

»Das beruhigt mich«, sagt die Ärztin. »Wie lange ist die Diagnose Ihrer Mutter her?«

»Anfang des Jahres war sie in der Uniklinik Köln und wurde einmal durchgecheckt wegen der vielen Stürze, aber sie hat mir nicht richtig erklärt, was ihr genau fehlt, und ich muss zugeben, ich hab das alles nicht wirklich ernst genommen. Ich glaube, sie hat mir auch viel verschwiegen.«

Die Ärztin dreht ihren Bildschirm in Kessies Richtung. Darauf sind Bilder zu sehen, ein Gehirn, grobkörnig wie eine Mondlandschaft, oben links steht *Gonzales* – falsch geschrieben.

»Was Sie hier sehen, nennen wir *Mickey-Mouse-Zeichen*. Es ist ein typisches Bild bei dieser seltenen Erkrankung.«

Die Ärztin zeigt auf zwei Flecken, die miteinander verbunden sind, sie sehen tatsächlich aus wie Micky-Maus-Ohren.

»Die Erkrankung greift ganz bestimmte Teile des Gehirns an, die toten Proteine führen zu einer Verschmächtigung des Mittelhirnschenkels und sorgen dann für dieses Erscheinungsbild, mit dem wir Differenzialdiagnosen zu anderen neurodegenerativen Erkrankungen stellen. Das ist bei typischen Parkinson-Syndromen ähnlich, nur unterscheidet sich die *Progressive supranukleäre Blickparese* dadurch, dass Medikamente nicht anschlagen und die Progressivität, also das Fortschreiten der Erkrankung, enorm hoch ist.«

»Enorm?«

»Die ersten Symptome sind eine Störung der willkürlichen Augenbewegungen, deswegen auch die häufigen Stürze. Der Bewegungsapparat wird vom Gehirn gesteuert, die Krankheit beeinflusst zunächst die motorischen Areale, anschließend das Sprachzentrum und in der Endphase der Erkrankung auch den Schluckreflex.«

»Das wird meine Mutter aber nicht mehr wirklich mitbekommen, oder?«

Die Ärztin wiegt den Kopf. »Das lässt sich nicht ausschließen. So wie Ihre Mutter gerade bewusst erlebt, dass sie sich nicht mehr normal bewegen kann, ist es auch möglich, den Sprachverlust bewusst zu erleben. Natürlich ist das sehr belastend. Auch für die Angehörigen. Es tut mir leid, Frau González, aber ich will ganz ehrlich zu

Ihnen sein. Ihre Mutter hat es sehr schwer getroffen. Da gibt es nichts zu beschönigen.«

»Wie lange wird sie noch leben?«, fragt Kessie.

»Das kann man nicht genau sagen. Viele Patientinnen und Patienten sterben an den Folgeerscheinungen. Bei einem unglücklichen Sturz. Aber das muss nicht sein, wenn Ihre Mutter sich in Pflege begibt. Allein leben sollte sie aber nicht mehr, das wäre fahrlässig.«

Kessie nickt, schaut wieder auf den Monitor, die Micky-Maus-Ohren, das Gehirn, das falsch geschriebene *Gonzales*. Selbst die Maske kann sie nicht mehr schützen. Draußen im Gang nimmt sie sie ab. Gleich wieder zu Dolores rein – das schafft sie nicht. Sie trappelt die Treppen hinunter, Stufe um Stufe, kauft sich in der Cafeteria einen ordentlichen Bohnenkaffee, einen Schokoriegel und eine Postkarte. Kühe weiden darauf, am Fuße des Michaelsberges zwischen Fluss und Benediktinerabtei, Fachwerkhäuschen säumen den Hang, Waschfrauen mit hochgeschlagenen Röcken stehen im Wasser – eine seltsame Idylle, das Gegenteil vom heutigen Ihrscheid, von dieser Krankenhauskapelle, auf die Kessie blickt, ein Anbau im Brutalismusstil, ein gruseliges Gebäude, die schmutzigen Glasmalereien verströmen Hoffnungslosigkeit und trotzdem ist sie versucht, hineinzugehen und zu beten, aber beten ist wie kochen – beides will gelernt sein. Sie trinkt ihren Kaffee und denkt an ihre Yogalehrerin, diese Tirza in ihrer Paisley-Harem-Hose. *Spüre den Boden,* hört sie Tirza sagen, *spüre den Boden,* aber Kessie spürt nur diesen Eiswürfel im Hinterkopf und diese unendliche Wut, dass es Dolores und nicht jemand anderen getroffen hat. Ihr Telefon vibriert, es ist Charly – Kessie schaltet auf stumm.

DOGVILLE

Charly: wie geht es deiner mutter?

Grit: @charly komm mal endlich raus...die Lebensmittel verderben...es ist zu warm!

Charly: komme komme

Kessie: Sie wird nicht mehr nach Hause können. Ärztin meinte, sie müsste sofort in Pflege. Ist nicht mehr zu verantworten, dass sie allein lebt. Muss das erst mal verdauen.

Grit: oh....das tut mir so leid ...

Charly: @kessie fuck. mir auch!!!

Kessie: Muss die Wohnung ausräumen. Wie soll das alles gehen?

Charly: willst du telefonieren?

Grit: Charly...komm bitte mal raus

Charly schließt die Ladentür. Grit steht vor dem Schmuckwinkel neben ihrem beladenen Fahrradanhänger und hat sich ihre Basecap tief ins Gesicht gezogen.

»Will Kessie telefonieren? Ich habe mein Handy drin gelassen, das muss laden«, sagt Charly.

»Nein, später vielleicht«, sagt Grit und starrt auf ihr Handy. Ihre Wangen und die Nase sind mit roten Pusteln bedeckt. *Fluch der Kelten*, so nennt Grit diesen Ausschlag, er kommt und geht wie Charlys Trio in den Schmuckwinkel, und das war schon so, als sie sie zum ersten Mal traf. Lange ist das her, so lang wie *Schwarzer Schmetterling*. Grit war die Neue auf der Hundewiese, Herr Trott noch ein verspielter Junghund, Spatzi schon älter, er gehörte der Mutter von Fritz. Charly ging oft mit ihm raus, als sie nicht mehr gut laufen konnte, eine wilde Pekinesenmischung mit Überbiss. Spatzi und Herr Trott liebten sich auf den ersten Blick, und Charly hatte keine andere Wahl, als sich mit Grit anzufreunden und sie bald genauso heiß und innig zu lieben wie Spatzi Herrn Trott. Mitten in der Pandemie starb Fritz' Mutter und kurz danach auch Spatzi. Fritz wollte keinen neuen Hund, aber als Charly aus Langeweile ins Tierheim ging und mit Bubba zurück in den Schmuckwinkel kam, hat er auch nicht Nein gesagt. Fritz sagt nie Nein, aber Charly weiß – ausnutzen darf sie das nicht. Die Lebensmittel hat er schon reingetragen, wahrscheinlich untersucht er sie gerade auf Dellen und faule Stellen. Mit allem geht er so sorgsam um – egal ob Metall, Menschen oder Obst, während sie selbst eine Meisterin im Verschleiß ist.

»So eine schlimme Sache«, sagt Grit.

»Das mit Kessies Mutter? Ja.«

»Ich habe das mal gegoogelt, diese Krankheit. Noch mehr Niete geht nicht.«

»Wenn ich daran denke, dass meine Oma letztes Jahr 102 geworden ist«, sagt Grit, »Kessies Mutter ist gerade mal Ende 60.«

»Ja«, sagt Charly. »Und die Vorstellung, dass Kessie auf sich allein gestellt ist, das gefällt mir gar nicht.«

Grit hält Bubba noch immer am Halsband.

»Willst du ihn nicht anleinen?«, fragt sie.

»Keine Sorge. Hier im Kiez erkenne ich seine Feinde schon von Weitem. Lass ihn los.«

»Na, wenn du meinst.«

Eine Postkarte segelt auf den Boden, als Charly den Briefkasten öffnet.

Grit bückt sich. *»Schwarze Tinte (der Frühe), am Bahnhof in Crema, ein Junge steht am Gleis, der schreibt, dein Haar Charlotte«*, liest sie vor.

»Ey«, ruft Charly und will nach der Karte greifen, aber Grit ist mindestens einen Kopf größer als sie und hält sie lachend in die Höhe.

»Schwarze Tinte (der Frühe), Call me by your name. Dir Nüsse, mir Platzreservierung. T.«

»Gib her!«

»Dein Haar Charlotte!«, ruft Grit, *»dein Haar!«*

Endlich bekommt Charly die Karte zu fassen.

»Von wem ist die?«

»Von Tristan. Der kommt heute aus Italien wieder.«

»Den gibt's noch?«

»Klar. Ich schieße nie einen ab, ist die Regel. Und da steht *Küsse* und nicht *Nüsse*, du Spaten.«

Grit hält Charly einen zusammengefalteten Zettel hin. »Und das hier? Kam auch aus dem Briefkasten. Sag mal, bist du zerstreut oder so was?«

»Keine Ahnung, ich bin einfach nur krass müde. Vincent ist doch mitten in der Nacht hier aufgeschlagen.« Charly schaut auf den Zettel, hält ihn mit ausgestrecktem Arm vor sich, kneift die Augen zusammen. »Scheiße.«

»Brauchst du eine Lesebrille?«

»Das auch. Das Casting am Montag. Habe ich komplett vergessen.«

»Wie, die laden euch per Post ein?«

»Nein, das muss meine Agentin gewesen sein. Um mich daran zu erinnern, den Text auswendig zu lernen. Jetzt sehe ich aber, ich muss gar keinen Text lernen. Ich soll *ich selber* sein.«

Sie stopft den Text zusammen mit der Postkarte zurück in den Briefkasten.

»Was Gutes?«, fragt Grit.

Charly lacht leise. Sie wird schon lange nicht mehr zu guten Castings eingeladen.

»Nein, und die erste Runde ist normalerweise ein E-Casting, da fliege ich meistens schon raus. Keine Ahnung, warum ich jetzt persönlich vorsprechen muss.« Charly fasst Bubba am Halsband und überquert neben Grit die Großgörschenstraße, vorbei am Bruce Lee Park in Richtung Yorckbrücken. »Ist ein Werbecasting. Für diese Zigaretten, weiß nicht, wie die heißen. Keine richtigen Kippen, aber auch keine Dampfmaschinen. Sehen aus wie Applikatoren für den Nuvaring.«

»Tabakerhitzer meinst du.« Grit beobachtet den vorauslaufenden Bubba, als wäre der Hund ein Blindgänger aus dem Zweiten Weltkrieg, der jeden Moment explodieren könnte. »Willst du Bubba nicht mal langsam anleinen?«, fragt sie wieder.

»Ach, komm. Er ist doch nicht Tony Montana.«

»Ich habe keine Lust, wieder Zeugin einer Beißerei zu werden. Die Sache am Grunewaldsee hat mir gereicht.«

»Da ist doch gar nichts passiert«, sagt Charly. »Das sieht immer viel schlimmer aus, als es ist.«

»Ist mir egal«, sagt Grit. »Ich finde das traumatisch, ernsthaft.«

»Ja, beruhig dich. Im Park leine ich ihn an.«

Es ist heiß, selbst Bubba will bei diesem Wetter keinen Streit anfangen, da ist Charly sich ganz sicher. Unten an der Yorckstraße bleibt er brav neben der Ampel stehen, stößt den Kopf gegen ihren Oberschenkel. Seine

Nase fühlt sich an wie ein kalter Schwamm. Charly pult ein Stück Räuchertofu aus ihrer Schultertasche. Bubba schnappt, sie zieht die Hand zurück. Erst beim dritten Anlauf schafft er es, das Leckerli sanft aufzunehmen. Die Ampel schaltet auf Grün, und Bubba läuft breitbeinig voraus. Er ist vielleicht nicht der sensibelste Hund, aber das muss er auch nicht sein. Diese Straße, diese Stadt – sie gehört ihm, er hält sie frei für seine Kaiserin und ihr Rudel. Seit er da ist, kommt keiner mehr auf die Idee, Charly anzustarren oder zu beschimpfen, wenn sie in Shorts und einem weißen Unterhemd ohne BH hinter ihm herläuft – das ist viel wichtiger als seine Anpassungsprobleme.

»Und dieser Vincent, wie ist da der Stand?«, fragt Grit.

»Sie machen ab jetzt das Nestmodell.«

»Was ist das, Nestmodell?«

»Erzeuger und Erzeugerin suchen sich jeweils eine eigene Wohnung und behalten die alte, in der sie dann gemeinsam mit dem Nachwuchs wohnen, wenn sie dran sind mit der Betreuung. Den Rest der Zeit verbringen sie in ihren eigenen Wohnungen.«

»Aha«, sagt Grit, »kein Wunder, dass ich keine Wohnung finde, wenn getrennte Familien gleich drei auf einmal belegen.«

»Das meinte Vincent auch, aber ihm fällt nichts Besseres ein. Die Therapeutin seiner Frau hat das wohl vorgeschlagen«, sagt Charly, »außerdem belegen Singles in der Stadt viel mehr Platz.«

»Singles?« Grit bleibt stehen. »Was ist das bitte für ein Wort?«

»Wie sagst du dazu?«, fragt Charly.

Grit zuckt mit den Schultern.

»Also«, sagt Charly, »ich denke dabei immer an diese kleinen Schallplatten von früher. Singles und Maxi-Singles. Die waren sehr beliebt.«

»Aber du bist doch gar kein Single. Du hast doch deine Zwerge. Die haben alle geheiratet, weil du das nicht wolltest. Sonst wärst du jetzt die im Nest.«

Charly wischt sich die Hände ihrem Shirt ab. »Na, du doch auch nicht. Und warum sagst du eigentlich *Zwerge*? Ich wollte sie. Immer. Alle drei. Sonst würde ich nicht mit ihnen schlafen. Damals und jetzt auch noch. Wie hast du gestern zu Anno gesagt, als er wieder mit dem Zusammenziehen anfing?«

»Wenn du die Liebe immer bei dir haben willst, verwandelt sie sich in einen Hund, dann braucht sie einen Schlafplatz und einen Fressplatz und einen Platz, wo sie hinmachen kann.«

»Genau«, sagt Charly. »Also. Natürlich will ich sie. Nur nicht mit Haut und Haaren. Da ist ja bald nichts mehr voneinander übrig.« Sie legt Grit den Arm um die Schultern. »Du wirst ganz langsam kommen«, flüstert sie ihr ins Ohr.

Grit windet sich. »Ey«, ruft sie, aber Charly lässt nicht los.

»Meinte Vincent. Und dann«, sagt sie und hält Grit zwei Finger vor die Nase, »ist er so in mich rein. Diese Finger, die haben sich angefühlt wie Silikonlöffel, schlüpfrig und steril zugleich. Wie Fachkräfte, danach weißt du, warum alle die ›begehrt‹ nennen.«

»So genau will ich das gar nicht wissen.«

»Doch, willst du.«

 »Charly, ist gut jetzt.«

»Du wirst ganz langsam kommen und dann noch mal.«

»Charly! Bubba hat gerade ein Ei gelegt.«

Tatsächlich wühlt Bubba an einem der traurigen Bäumchen, die den Parkplatz begrünen sollen, die steinharte, trockene Erde auf und scharrt stolz um seinen Haufen herum. Charly tastet ihre Tasche nach einem Kotbeutel ab, findet keinen, schließlich reicht Grit ihr eine alte Bäckerstüte vom Boden.

»Warum tust du dich nach all den Jahren noch immer so schwer damit?«, fragt sie.

Charly bückt sich und packt Bubbas enormen Haufen ein. »Weiß nicht.«

Was die Außerirdischen sich wohl denken, wenn sie sehen würden, dass sie Hundescheiße einsammelt? Das fragt Charly sich immer dabei. Die Crew von *Schwarzer Schmetterling*, die fliegen da oben herum mit ihrem Zigarrenschiff und beobachten sie.

»Bist du denn selbst noch nie in Scheiße getreten?«, fragt Grit.

»Doch. In eine volle Windel. Im Tiergarten. In Flip-Flops. Das war hart«, sagt Charly und blinzelt in die gleißende Sonne. Sie haben das gesehen, was sie gerade gemacht hat. Stella Stardust, Sophia Saturna und Frieda Giga – jeden Tag schauen sie dabei zu, wie Charly ihr Leben verplempert, und genau jetzt geben sie auf, genau jetzt werden sie abdrehen und für immer in ihrer Galaxie verschwinden.

An der Fußgängerrampe, die den Parkplatz vom Park trennt, lässt Charly Bubba weiter laufen, noch ist kein anderer Hund in Sicht. Zwischen Bahngleisen und Ökoschotterfläche holt sie den Ball raus. Bubba bringt ihn brav zurück, verliert jedoch das Interesse, als er die Fontänen sieht, die aus dem Boden schießen und die magere Wiese wässern. Eine Schäferhündin kommt dazu, keine Gefahr, Bubba reagiert nur aggressiv auf Rüden, und eine Weile jagen die beiden sich im Kreis über den Rasen. Zwischen Bubbas Hinterbeinen baumeln seine Hoden, dick und groß wie zwei schwarze Billardkugeln, und wie so oft wundert Charly sich, dass ihm sein riesiges Gehänge beim Toben nicht wehtut. Runde um Runde drehen die Hunde, bis sie sich mit offenen Mäulern in das Tsch-Tsch-Tsch der Fontäne stürzen. Stundenlang könnte Charly ihnen beim Spielen zusehen, aber Grit kratzt nervös an ihrer roten Nase herum, weh tut das allein beim Hinschauen. Vom anderen Ende der Wiese nähert sich ein Mann mit einem Königspudel. Bubba bleibt abrupt stehen, seine Rute steht ab wie eine Antenne, da nimmt Charly ihn schließlich an die Leine und reicht ihm ein Leckerli. Der strenge Geruch des Räuchertofus steigt ihr in die Nase, fischig und modrig, wie Moschus und Muskat.

Grit tritt einen Schritt näher heran. »Ist dir nicht gut?«, fragt sie.

»Nur ein bisschen übel«, presst Charly hervor. *Übel* ist eigentlich das falsche Wort. Übel war ihr früher, vor Premieren am Theater oder als sie zum ersten und einzigen Mal vor einer Panavision-Kamera in einem Filmset stand, aber diese Übelkeit ist anders, es ist eine hungrige Übelkeit, gegen die sie nicht einmal mit Fritz' deftiger B12-Lasagne anessen konnte.

»Mein Gott, du siehst richtig grün aus im Gesicht«, sagt Grit, und da überfällt Charly plötzlich eine dieser unberechenbaren Ängste vor einer schweren Krankheit, eine, wie

Kessies Mutter sie hat, die aus dem Nichts kommt, einfach so, als würde dir jemand von hinten einen Sack über das Gesicht stülpen – und tot.

»Ist nichts«, sagt Charly. »Wollen wir zurück?«

»Von mir aus.«

Charly läuft voraus. Mitte 40, in diesem Alter bekommt man – ja, was eigentlich? Alle möglichen Krebserkrankungen. Die sind dann nicht mehr ungewöhnlich. Diabetes, Osteoporose – sie muss endlich mit dem Süßkram aufhören und wie Fritz jeden Tag einen Löffel Lithothamniumalge in den Sojajoghurt rühren. Sie muss endlich diese Patientinnenverfügung ausfüllen, Kessie liegt ihr seit Wochen damit in den Ohren, seit das mit den Stürzen ihrer Mutter eskaliert ist. *Damit wir uns umeinander kümmern können, falls der anderen was passiert.* Charly dachte nur, was soll uns denn passieren? Wir sind doch keine sechzig, und wir sind auch nicht nah dran.

»Halt mal, bitte.« Sie drückt Grit Bubbas Leine in die Hand und schlägt sich in die Büsche. Ein Schwall Lasagne ergießt sich über den Boden, Charly hockt sich hin, hustet. Wieder schießt Lasagne auf den Schotter.

»Alles okay?«, hört sie Grit rufen.

Ihre Augen tränen. Sie wischt sich mit dem T-Shirt übers Gesicht, lehnt sich an einen Baum. »Ja, ich komme.«

Jetzt ist Schluss. Die Übelkeit, die Launen, die dicken Titten, das Ziehen im Unterleib. Sie holt den Tampon hervor. Wo Grit den nur herhat – dieses Uraltding. Vielleicht sogar in irgendeiner Kiste auf der Straße gefunden. Egal, sie wird ihn nicht benutzen müssen. Von wegen Krebs, eher das Gegenteil. Charly hat ein bisschen gerechnet, aber auch ohne Mathematik weiß sie, dass sie überfällig ist. Anders als bei den Freundinnen ist ihr Zyklus noch so regelmäßig, dass sie die Uhr danach stellen könnte. Sie wollte schon letzte Woche einen Test machen, hat sich aber nicht getraut. Was, wenn sie wirklich schwanger ist? Wäre absurd. Begehren und Gebären sind zwei gegensätzliche Pole, Sex das Gegenteil von Mutterschaft und Babys nur das Abfallprodukt von diesem letzten aufregenden Spiel, das Charly geblieben ist.

2

FOLLIKELPHASE

Wir schlafen –
20 Stunden
bei Tag und bei Nacht.

Wir schlafen –
liegen einfach da
immer auch ein bisschen wach.

Wir schlafen, wir
feiern die Faulheit –
unseren einzigen Triumph.

Aus SCHMUTZIG BLEIBEN: VERSE FÜR HÜNDINNEN
von Grit Feigenhauer

Es klingelt, Pan bellt empört. Schon als Kind hat diese Klingel Kessie in Alarmbereitschaft versetzt – Leute vor der Tür haben selten etwas Gutes bedeutet, aber sie will das nicht mehr, in die alten Angstmuster ihrer Kindheit verfallen. Sie atmet tief durch, bevor sie beherzt die Tür öffnet. Herr Schröder, der Nachbar von nebenan, steht da, neben ihm ein Paket.

»Guten Tag«, sagt er, »das ist heute angekommen. Ganz schön schwer.«

Kessie erkennt Grits energische Druckbuchstaben. Endlich. Ende der Woche muss sie die korrigierten Abschlussarbeiten an die Sprachschule in Berlin zurückschicken.

»Wie geht es denn der Mutti?«, fragt Herr Schröder.

Kessie schiebt das Paket über die Schwelle. Gestern hat Dolores ihr noch erzählt, dass Frau Schröder wohl nicht mehr lang leben wird, dass sie Herrn Schröder grüßen und sich nach dem Befinden seiner Frau erkundigen soll.

»Gut.«

»Ich habe sie ja gefunden«, sagt Herr Schröder, als hätte er ein Anrecht darauf, über Dolores' Zustand in Kenntnis gesetzt zu werden.

»Glaube wohl, dass geht Sie nichts an«, sagt Kessie und genießt den Anblick des dummen Gesichts, das Herr Schröder macht, bevor sie ihm die Tür vor der Nase zuknallt.

»Hätte sie auch liegen lassen können«, ruft er. Ist Kessie egal. Sie muss nicht mehr beschwichtigen, sie kann endlich Zähne zeigen. Die Wohnung wird aufgelöst, sie muss mit niemandem in diesem Haus mehr gut auskommen. Dolores hat sich immer in kleine, bedeutungslose Gespräche verwickeln lassen, obwohl sie keine Lust darauf gehabt hat. Hunde machen das, wenn sie sich begrüßen, lecken das Maul des Gegenübers, wenn sie wissen, dass sie unterlegen sind, so wie Dolores, als sie hier ankamen. Ohne Job und eigenes Konto, mit nur einem Koffer und 100 DM in der Tasche, die die Sozialarbeiterin ihr für die erste Woche mitgegeben hatte. So klein wie möglich schrieb Dolores ihren Familiennamen an den Briefkasten, aber es nützte nichts. Die Nachbarn im Haus, angeführt von Frau Schröder, beschwerten sich bei der Hausverwaltung – über lauten Besuch und Getrampel, dabei kannte Dolores niemanden, der sie hätte besuchen können. Sie klebten ihr Wohnungsschloss mit Sekundenkleber zu, warfen Blumenerde in den Briefkasten. Sie klagten über den Geruch von Knoblauch und in Fett Gebratenem. Mit allem könne sie leben, ließ Frau Schröder über die Hausverwaltung mitteilen, nur nicht mit diesen widerlichen Knoblauchdünsten. Dolores kochte selbst bei Minustemperaturen mit weit geöffnetem Fenster und ermahnte Kessie und ihren Bruder, nur noch auf Zehenspitzen durch die Wohnung zu gehen. Abwechselnd mussten die Mietparteien die Treppe im Hausflur wischen. Als Dolores an der Reihe war, klingelte es am Abend an der Tür. Frau Schröder. »Die Treppe wird hier mit dem General geputzt«, bellte sie, *»capito?«* Stockend erzählte Dolores Kessie davon, als sie am Nachmittag aus der Schule kam, und Kessie musste ihr mehrmals versichern, dass Frau Schröder sicher nicht General Franco meinte. Am frühen Abend saßen Kessie und Álvaro vor dem Fernseher und schauten die Vorabendserien – unterbrochen von Werbespots. Sie riefen ihre Mutter, Álvaro zeigte auf eine glatzköpfige Animation, ein kräftiger Mann, der zwischen einer Hausfrau und schmutzigen Fliesen herumwirbelte. »*General Bergfrühling*, den meint sie.«

Dolores schüttelte den Kopf. »*Dios mío*, selbst putzen tun *los Alemanes* wie im Krieg.«

Kessie reißt das Paket auf und legt den Stapel Hefte auf den Schreibtisch. Pan liegt noch immer eingerollt im Bett, obwohl schon Mittag ist, langsam steht er auf und legt sich auf den sonnigen Balkon.

Kessie reibt sich das Gesicht, müde ist sie, nicht nur wegen Pan. Im Bett der Mutter schläft sie unruhig und träumt wild, vielleicht zieht sie heute Abend um auf die Couch im Wohnzimmer. Gleich muss sie los. Sie sollte etwas essen, aber sie hat keinen Hunger, also packt sie sich eine Banane ein.

DOGVILLE

Kessie: Paket ist grad angekommen. Danke.

Grit: Kein Ding....sag einfach wenn du noch was brauchst...warst du schon im Heim?

Kessie: Gehe gleich hin. Was macht »dein« Garten?

Grit: totale Überforderung... Anno hat recht, ich kann null gärtnern.... habe grad ein Glas gefunden, da stand KÜRBISMUS drauf... habe ernsthaft eine Minute überlegt was

	das für eine komische Kunstform ist... die in Gläser eingefüllt wird... lol
Kessie:	Anno hilft dir nicht?
Grit:	nee....der will den Garten gar nicht....ich muss hier allein durch.
Kessie:	Frag Fritz. Er kann gärtnern. Seine Mutter hatte mal einen Garten.
Grit:	Oh, gute Idee ... Rasen mähen schaffe ich und Hecke schneiden....aber von Gemüse habe ich keine Ahnung...wie man das anbaut ... wofür auch bei so vielen vollen Tonnen
Kessie:	Leg für diese Gartenbegehung Gemüse aus dem Müll in die Beete. Kürbisse. Gurken. Alles.
Grit:	rofl
Kessie:	Häng Tofublöcke in die Bäume.
Grit:	Pahahahhaaa...der Tofubaum ... @charly Meinst du, Fritz kann mich in Sachen Gartenarbeit beraten? Brauche Coaching...sonst wird das hier nie was mit Garten Eden.
Charly:	klaro der hat auf jeden fall mehr ahnung als du und ich von grünkrams
Grit:	Kann er auch Radieschen setzen?
Charly:	bestimmt. er kann alle samen setzen nur nicht seinen eigenen ist pans maulkorb wieder aufgetaucht?
Kessie:	Nein.
Charly:	fuck das teil war maßgeschneidert oder
Kessie:	Habe schon einen neuen bestellt.

Charly: hast dir meiner meinung nach krass was ans bein gebunden
Kessie: ich? mit pan?
Grit: meinst du mich?
Charly: nicht pan @grit was ist dein problem Anno ist ein babe und du hängst doch eh ständig bei ihm rum zieh halt mit ihm zusammen for fucks sake und häng den garten an den nagel

Grit schaltet auf stumm und stopft ihr Telefon zwischen die Polster der Hollywoodschaukel. Vor ihr auf dem Tisch steht das Notebook. Anno hat ihr die E-Mail-Korrespondenz mit dem Vorstand weitergeleitet, ganz unten steht in fetten Druckbuchstaben als Signatur: WIR NEHMEN DERZEIT KEINE NEUEN MITGLIEDER AUF!!! Anno hat den Satz herauskopiert und in seiner Mail an sie nach oben gesetzt. Dieser Schleichmichel. Irgendwie kriegt sie das schon hin, den Garten herzurichten, und wenn der fertig ist und zum Gartenfest die Begehung stattfindet, wird es auch mit der Aufnahme klappen.

Ein Drittel Obst und Gemüse, ein Drittel Zierpflanzen, ein Drittel Hütte, so steht es in der Kleingartenordnung. Sie schlüpft in ihre Crocs und geht ratlos die Parzelle ab. Der Rasen reicht ihr bis zu den Waden, Unkraut schießt überall hoch, Pilze wachsen in Hexenkreisen auf der Wiese, dazwischen gelbe Blumen, die aussehen wie Löwenzahn, nur drahtiger. Als ob sie wüssten, dass es ihnen bald an den Kragen geht, stehen sie störrisch da – Fliegengewichtboxer, bereit zum Kampf gegen den Rasenmäher. Wo ist der eigentlich? Rasenmäher. Spaten, Rechen. Sie hat schon überall gesucht, kann aber nirgends Gartengeräte finden, nicht mal eine kleine Schaufel.

Dicke Grasbüschel bedecken das Gemüsebeet, die müssen raus, dafür braucht sie eine Kralle oder wie dieses Ding heißt, das Hobbygärtnerinnen in Regionalmagazinen immer in den Händen halten, besser gleich zwei. Anno wird Augen machen, wenn sie hier bald im Beet hockt und die Erde und das Unkraut nur so fliegen – Grit mit den Krallenhänden. Sie dreht sich um und blickt auf den schmalen Streifen, der sich vom Gartentor am Zaun entlangwindet – das Zierpflanzenbeet. Ein paar Blumen wachsen hier. Blass und trocken sehen sie aus. Wie unterernährte Oliver Twists, umgeben von Unkraut, das sich in Siegerpose Richtung Sonne streckt. Alice war ganz neidisch, als Grit ihr Fotos schickte. *Was für eine schöne Arbeit, einen Garten zu pflegen,* schrieb sie, *und zu sehen, wie er sich nach und nach durch die eigenen Hände in ein Schmuckstück verwandelt.* Schmuckstück. Was ein Blödsinn. Ein Drittel Gemüse. Wofür, wenn sie ihre Nahrung aus den Tonnen der Stadt erntet, ohne sie je gepflegt zu haben? Sie mag diesen Garten, so wie er ist – verwildert. Sie möchte ihn eigentlich nicht hübsch machen, ihn wie ein kleines Mädchen frisieren.

Sie fängt mit der Hütte an, stellt die Umzugskisten auf den Rasen, schiebt den Kleiderschrank, das Sofa und die Bücherregale an die Wände. Es ist ein kleiner Raum, aber mit genügend Platz. Sie öffnet die erste Umzugskiste, Bücher – Belegexemplare ihrer Romane. Drei hat sie geschrieben. Ihr Debüt verkaufte sich mäßig, wie fast alle Debüts, der zweite Roman ging unter, der dritte lief gut. *Delilah* erzählt von einer mobilen Friseurin, die ihren Kunden erst die Haare schneidet und sie danach ermordet. Er ist fürs Theater adaptiert, übersetzt, die Filmrechte verkauft worden. *Ein literarisches Ereignis,* so steht es im Klappentext. *Die feministische Version von »American Psycho«.* Völlig übertrieben, geht trotzdem runter wie Öl. Fünf Jahre sind seitdem vergangen, und ihr Erspartes ist fast komplett aufgebraucht. Einmal die Woche schreibt sie noch eine Kolumne für die *Rheinische Post,* in der sie banale Episoden aus ihrem Großstadtleben schildert. Den Job hat sie nicht ihrem einstigen Erfolg zu verdanken, sondern den guten Beziehungen ihres alten Deutschlehrers. Es hat immer für die Miete gereicht, als sie noch in der WG wohnte, diese drei hingeschmierten Absätze, irgendwie ist sie über die Runden gekommen, aber Anno hat recht – Herr Trotts Medikamente, die vielen Tierarztbesuche im letzten Jahr, die Notfallgebühren nachts und an den Wochenenden, die Taxifahrten in die Tierklinik, die Spritzen gegen Übelkeit und Schmerzen haben ihr Erspartes aufgefressen und jetzt muss sie Geld verdienen, sie muss Ruhe finden, Stille, nur sie und der 12-Zoll-Bildschirm und die winzigen Vibrationen, die sie spürt, wenn sie den richtigen Satz findet, aber das Einzige, was zurzeit in ihrem Leben vibriert, ist das Telefon.

WE ARE FAMILY

Papa: Meine Große! Sitzen auf der Terrasse.
Denken an dich. Grad Fotos von eurem
Garten angeschaut. Idyllisch!

Grit: Ja...finde ich auch...mit Gartenarbeit kann
ich mich noch nicht so anfreunden, aber

	mit dem Grün...so würde ich gern dauerhaft leben. Geht ja gerade auch gar nicht anders ...
Papa:	Brauchst du Geld?
Grit:	Für den Kauf? Das wäre mega....ich zahle euch alles zurück...muss aber mit Anno sprechen wegen Kaufpreis.
Papa:	Wir dachten eher an einen Immobilienmakler. Damit ihr endlich eine Wohnung findet. Gern bürgen wir auch. Falls die Selbstständigkeit ein Problem sein sollte.
Grit:	Nein...solchen Leuten werfe ich kein Geld in den Rachen
Papa:	Wäre ja auch unser Geld.
Alice:	Ihr Lieben ... it's about time....Darf ich vorstellen? Labradoodlewelpe Osaka. Unser zukünftiger Familienhund!! Gerade sind die Fotos vom Züchter gekommen!!! Schaut selbst ...
Grit:	Aww, wie süß...aber meintest du nicht, dass Wilhelm allergisch ist?
Alice:	Hypoallergene Hunderasse
Papa:	Glückwunsch zum dritten (vierten) Kind. Dann hast du bald zwei Babys im Haus.
Alice:	»Im Haus«... schön wärs.
Mama:	Ein Hund ist eine Menge Arbeit. Er ist sehr niedlich, aber übernimmst du dich da nicht ein wenig?
Alice:	Ich wusste, dass ihr sowas sagen würdet.
Dirk:	bin ja auch noch da

Alice:	in ca. 3 Wochen zieht er ein. Wird sowieso alles chaotisch. Dachte, jetzt ist auch egal.
Grit:	Rüde oder Hündin?
Dirk:	RÜDE. Kein nerv auf die läufigkeit. Oder Scheinschwangerschaften.
Alice:	Aber alle glauben immer, dass Osaka eine Hündin ist, weil er so lieb schaut. Und so zurückhaltend ist. Er rauft kaum...Stellt euch mal vor, dass das bei Menschen auch so wäre, dass man nicht sehen könnte, wer Mann und wer Frau ist. Dann wäre die Welt zumindest auf den ersten Blick gerechter
Grit:	hä? kann man doch nicht. a) müssten wir dann nackt rumlaufen b) müsstest du selbst dann alle erst mal fragen, als was sie sich identifizieren
Dirk:	kleine afternoon-lecture in gender Sieht Anno das auch so?
Grit:	Würde wetten, ja.
Dirk:	Und der weirde Goldschmied?
Grit:	Weird?
Dirk:	Normal ist der nicht.
Grit:	Normal wie du? Nee;-)
Alice:	vertragt euch bitte. Ich fand Fritz nett! Aber seltsam ist er schon. Wie aus blue da ba dee daba daa. Dieser song. About a little boy that lives in a blue world. Habe die ganze Zeit daran gedacht. Jetzt weiß ich, von wem das Lied handelt;-)
Grit:	Keine Ahnung wovon du redest. aber egal....

	hier, wegen Hundi ... der Name. Osaka, weil er so sportlich ist?
Alice:	nein, der ist vom Züchter. Ein Name mit O wegen der Mutter
Dirk:	Vater.
Mama:	Der Welpe ist sehr süß, aber überleg dir das nochmal. Die nächste Zeit wird anstrengend.
Dirk:	wir rocken das schon. FAMILIES FOREVER

FAMILIES FOREVER – klingt wie ein Schlachtruf aus einer totalitären Welt, so wie *HEIL HITLER* oder *JESUS LEBT!* Grit schaut hoch in den Birnbaum, wo zwei Tauben sitzen und sich küssen. Sie legen die Köpfe zur Seite, reiben ihre Schnäbel aneinander, auf so menschliche Weise, dass man sich fragt, wer es von wem gelernt hat.

Früher hat Grit es gar nicht ausgeschlossen, einmal Mutter zu werden. Doch seitdem Alice Kinder hat, ist ihr bewusst geworden, dass sie jahrelang am Rande eines Kraters entlanggelaufen ist, wenige Zentimeter vom Abgrund entfernt, und nur aus purem Glück nicht hineingefallen ist.

DOGVILLE

Grit:	@charly Hast du mal einen Schwangerschaftstest gemacht?
Charly:	nein ich trau mich nicht
Grit:	ist wohl auch quatsch...das geht doch gar nicht mehr in dem Alter
Kessie:	Meine Großmutter hat meinen Onkel mit 47 bekommen. Geht alles.

Charly:	boah red nicht so BITTE
Grit:	Mach halt...dann hast du Ruhe.
Charly:	nein panik
Kessie:	Du bist nicht schwanger.
Charly:	aber warum kotze ich dann so viel vielleicht ist es was ernstes
Kessie:	Du kotzt, weil du unendlich viel FRISST.
Charly:	??

Kessie antwortet nicht. Immer dieses Theater mit Charlys Kollegen, oder soll sie besser sagen: *Ejakollegen?* Sie hat jetzt keine Zeit für so was. Mit Pan an der Leine marschiert sie am Mühlenbach entlang. Ein breiter Steg trennt den Weg von der parallel verlaufenden Straße, in der das Pflegeheim liegt – ein großer grauer Neubau aus den Siebzigerjahren, der seine besten Jahre hinter sich hat. Schmutz und Regen haben die Fassade verfärbt, wie verschmierte Mascara laufen schwarze Schlieren vom Dach bis auf den Boden herunter. Besser, sie gewöhnt sich gleich an den Anblick – in den kommenden Tagen wird sie hier viel Zeit verbringen. Absurd. Nie war ihre Mutter krank, nicht mal mit einem leichten Schnupfen einen Tag im Bett. Stark war Dolores, jedes Marmeladenglas bekam sie auf, laut war sie und immer in Bewegung. Kessie tippt auf die Fotodateien im Hundechat, scrollt in Richtung Vergangenheit, bis sie die Fotos findet, die Grit vor zwei Jahren zum 101. Geburtstag ihrer Großmutter postete: 101 Gäste, alle in plüschigen Dalmatinerkostümen, posieren eng aneinandergedrängt in einem Garten, umgeben von Rhododendronbüschen, dahinter ein altes, großes Haus, das Wärme und Würde ausstrahlt. Ganz vorn hockt Grit neben ihrer

Großmutter – eine uralte Frau im Rollstuhl, als Cruella verkleidet, mit roten Pumps, Fakepelz, wasserstoffblonder Perücke, Zigarettenhalter, und diabolischem Lächeln. So alt soll Dolores werden, dachte Kessie damals, nahm es sich stellvertretend für die Mutter vor, das Altwerden und eine solche Party, und bei dem Gedanken wird ihr heiß vor Scham für dieses magische Denken, alle könnten lustig und leicht altern, unabhängig von Geld und Herkunft, wenn man nur dran glaubt. Kessie fasst die Leine kürzer und überquert den Steg. Wie geht das, wie kann ein gesunder Mensch so schnell ans andere Ende der Skala rutschen?

Frauen in Rollstühlen und übergroßen pastellfarbenen Fleecejacken haben sich vor dem Eingang des Heims aufgebaut und rauchen. Ihre Köpfe sitzen wie schief geklebt auf den massigen, deformierten Körpern, sie stieren Kessie an, als sie schüchtern Hallo sagt, strecken sie die Hände nach Pan aus, der weicht zurück. Die Automatiktür gleitet auf und ein seltsamer Geruch kommt ihr entgegen. Desinfektionsmittel, Urin und Maggi. Die Heimleiterin sitzt in einem gläsernen Büro voller Kletterpflanzen, geschützt und gefangen zugleich, wie eine Märchenprinzessin in den Wechseljahren sieht sie aus. »Guten Tag und herzlich willkommen!«, sagt sie, als sie die Tür öffnet. Sie beugt sich zu Pan, lässt ihn an ihrer Hand schnuppern und streichelt ihm sanft über den Kopf. »Wie geht es Ihrer Mutter?«

»Danke. Etwas besser, die Hämatome verheilen jedenfalls.«

»Prima. Ich würde Ihnen erst mal die Einrichtung zeigen, wenn Sie möchten. Danach können wir die Formalitäten erledigen.«

Kessie nickt und folgt der Frau durch das große Foyer. An den Wänden hängen Bilder, kindliche Kritzeleien, mit Reißzwecken an die Wand gepinnt.

»Von unseren Bewohnerinnen und Bewohnern«, sagt die Heimleiterin. »Die sind in den Malkursen entstanden. Ich gebe Ihnen später das Programm mit. Wir machen Stuhlyoga, malen, singen, Karneval, alles. Sogar Marmelade kochen wir ein.«

Sie kommen an einem lebensgroßen Jesus vorbei, der offenbar gerade vom Kreuz geholt worden ist und auf einem Sockel in den Armen einer Frau liegt. Pan schnuppert, und auch Kessie tritt näher. Winzige Löcher bedecken den Leib. Holzwürmer haben sich mühsam durch Arme, Beine, das Gesicht Christi gearbeitet – eine Passion in der Passion.

»Der wird die Tage abgeholt und restauriert«, sagt die Heimleiterin. »Wenn es nach mir ginge, könnte der auch ganz wegbleiben, aber dann würde uns viel Geld fehlen.« Sie öffnet eine Tür aus Milchglas. »Das ist die Station, auf der wir Ihre Mutter zunächst unterbringen werden. Dort ist ein Zimmer frei geworden, aber ich bin mir sicher, dass sie auch nach der Kurzzeitpflege hierbleiben kann.«

Wie in einem Krankenhaus gehen unzählige Zimmer vom Gang ab. Sie sehen alle gleich aus – schmal und rechteckig, hinten ein bodentiefes Fenster, ein Krankenbett mit Rollen, gegenüber ein in die Wand gebauter Kleiderschrank, ein Tisch, eine Kommode aus hellem Furnierholz und gleich am Eingang ein großes Badezimmer, behindertengerecht.

Die Heimleiterin bleibt vor einer der Türen stehen und nickt ihr zu. Kessie tritt ein und schaut sich um.

»Gefällt es Ihnen?«

Sie versucht, sich Dolores in diesem Zimmer vorzustellen, Tag für Tag in diesem Mobiliar, wie sie über den gelben PVC-Boden läuft, sich an den Griffen im Badezimmer festhält. Alles hat etwas gewollt Vernachlässigtes, absichtlich Makelhaftes, als wolle man keinen Zweifel daran zulassen, dass das hier die letzte Station ist.

»Ja. Hier lässt es sich aushalten«, sagt Kessie. Aber nur, wenn man sein altes Leben am Eingang zurücklässt, wenn man ein anderer Mensch wird, mit anderen Vorlieben und Gewohnheiten, wenn man sich anpasst – dem Wesen dieser Einrichtung –, den Verfall annimmt, der sich wie Mehltau, wie eine Generalverunreinigung auf die Alten und Kranken legt und sie wie Jesus im Foyer langsam, aber sicher zerfrisst.

»Prima. Dann können wir jetzt den Heimvertrag durchgehen. Es reicht, wenn Sie ihn unterschrieben am Tag der Ankunft Ihrer Mutter mitbringen. Wann wird sie entlassen?«

»Anfang kommender Woche.«

Kessie überreicht ihr die Vorsorgevollmacht und Patientenverfügung der Mutter, paraphiert mechanisch die Unterlagen für die Krankenkasse, setzt ihre Unterschrift darauf. Sie hört kaum, was die Heimleiterin sagt, sie stopft den Vertrag in ihren Rucksack, verabschiedet sich und marschiert wie eine müde Soldatin zum Ausgang.

Die rauchenden Wächterinnen rollen aus dem Weg, als Kessie und Pan nach draußen treten, stoßen sich dabei mit ihren Füßen ab, die in Plüschpantoffeln stecken, und gleiten dann wie Fische in einem Aquarium zurück an ihre Positionen.

Ihr ist schwindelig vor Hunger. Im Rucksack muss noch die Banane sein. Sie setzt sich auf eine Bank neben dem angrenzenden Spielplatz und isst gierig. Pan liegt vor ihr in der Sonne. Oben auf der Rutsche steht ein Junge, seine Mutter wartet unten mit ausgebreiteten Armen. Sie trägt eine weite Hose, an den Füßen Patagoniaklett und am Brustkorb ein winziges Baby in einem Tuch. Früher hätte Kessie alles gegeben, um eine von diesen Müttern zu sein. Sie kennt die Einsamkeit, aber nie hat sie sich so einsam gefühlt wie in den Paarbeziehungen, die sie bis Anfang 40 führte. Lange dachte sie, dass sie es immer wieder aufs Neue versuchen müsse. Wie ein antrainierter Reflex fing sie nach jeder Trennung von vorn an – datete bis zur Erschöpfung Männer, einen nach dem anderen, probierte sie aus, schaute wie bei einer neuen Jeans, ob einer passte, bis auf allen Dating-Plattformen immer die gleichen Fressen auftauchten und sie endlich aufgab. Plötzlich breitete sich eine Ruhe und Zufriedenheit in ihr aus, die sie zuvor nur aus dem Urlaub gekannt hatte. Seitdem dankt sie dem Universum oder welche moderne Instanz man auch immer dafür heute anruft, dass sie verschont geblieben ist von einer vermeintlichen Liebesbeziehung voller unerträglicher Kompromisse. Für nichts würde sie heute ihr Leben eintauschen, für keinen Mann, kein Kind, im Gegenteil, inzwischen gruselt sie sich auf wohlige Weise, wenn sie wie jetzt dem Treiben auf einem Spielplatz zusieht – traurige Orte, danach kommen nur noch Hamsterkäfige. Die schreienden Kinder, die Popel essend ihr Geschlecht an Kletterstangen reiben, die milden Väter, die sich über Lastenräder und Schneeanzüge unterhalten. Kessie weiß, es ist ungerecht, aber sie findet diese Männer erbärmlich, sie nimmt sie ihnen nicht ab, die zur Schau getragene Sanftmut, kein Wort glaubt sie diesen neuen Vätern, keine Geste, mit denen sie die Kinder walten lassen – alles wirkt wie ein Schauspiel, in dem sie nicht nur sich selbst, sondern dem zufällig beiwohnenden Publikum immer und immer wieder beweisen müssen, wie reflektiert und achtsam sie sind. Sie zielt mit der Bananenschale auf den Mülleimer – Treffer. Ein Mann in Tarnjacke schiebt eine Frau im Rollstuhl aus dem Heim, neben ihm hüpft ein ungefähr fünfjähriges Mädchen, rennt auf den Spielplatz zu und springt in den Sandkasten. Die kurzen Beine stecken in Einhornleggings und scheinen im Sand zu versinken, tapfer stapft es zum großen Klettergerüst und steigt hoch. Der Mann parkt den Rollstuhl und setzt sich neben Kessie auf die Bank. Er trägt eine FFP2-Maske, die alte Frau ebenfalls, sie ist trotz des sonnigen, warmen Wetters dick eingepackt, auf ihren Beinen liegt eine Decke. Der Mann hat eine Glatze und einen dieser mächtigen Bärte, die vom Verlust des Haupthaares ablenken sollen.

Kessie holt die Postkarte hervor, die sie Anfang der Woche gekauft hat, und einen Kuli. *Liebe Grit,* schreibt sie. Das Mädchen sitzt inzwischen oben vor der Tunnelrutsche, es winkt noch einmal seinem Vater zu, der Mann zieht sich die Maske runter und ruft etwas, und Kessie fällt vor Schreck der Kuli auf den Boden, aber als sie sich bücken will, hat er schon zugegriffen und hält ihn ihr lächelnd hin. Überrascht blickt er sie an und Kessie stürzt alles Blut aus dem Gesicht.

»Kessie?« Der Mann schlägt sich gegen die gewachste Tarnjacke. »Ich bin's, Nazim.«

»Hi«, stottert Kessie, »so ein Zufall.«

»Was machst du denn hier?«, fragt er.

»Meine Mutter. Sie hatte einen Unfall. Sie liegt im Krankenhaus.«

»Das tut mir leid. Wie geht es ihr?«

»Nur eine Gehirnerschütterung. Zum Glück.«

Die Frau im Rollstuhl hebt den Kopf, langsam zieht sie sich mit steifen Fingern die Maske vom Gesicht, das Gummiband bleibt an der Sonnenbrille hängen. »Aaina?«, fragt sie.

»Hallo, Sona«, sagt Kessie und hält ihr die Hand hin. Sie kann sich an diese einst schöne Frau mit dem Turban und den knallroten Lippen erinnern.

»Mama, das ist Kessie, früher war sie manchmal bei uns, weißt du noch?«, sagt Nazim, aber die Frau starrt sie nur an und streckt ihr einen trockenen E. T.-Finger entgegen.

»Sie hat Demenz«, sagt Nazim leise, »sie spricht kaum noch. In den letzten Wochen ist es ziemlich bergab gegangen.«

»Das tut mir leid. Lebt sie hier im Pflegeheim?«

»Ja. Schon vier Jahre.«

»Meine Mutter zieht Ende der Woche ein.«

»Ach«, sagt Nazim, »was für ein Zufall.«

»Wohnst du noch hier?«, fragt Kessie.

»Nein«, sagt Nazim, »in Frankfurt. Mit der ICE-Verbindung klappt es ganz gut. Meine Schwester ist noch hier. Sie hat sich früher hauptsächlich gekümmert, aber sie hat seit zwei Jahren Long Covid und kann seitdem nicht mehr wie früher.«

»Oh, das tut mir leid«, sagt Kessie wieder. »So ein weiter Weg.«

»Ich bleibe immer ein paar Tage bei Amira, sie braucht

auch Hilfe, so was wie Fenster putzen oder die Wohnung durchsaugen, das schafft sie nicht mehr. Und letzte Woche ist meine Mutter operiert worden. Jetzt bin ich erst mal hier und pendle nicht mehr groß.«

»Papa!« Das Mädchen steht wieder oben an der Rutsche und winkt. »Hast du gesehen, wie ich gerutscht bin?«

»Ja, mein Schatz!«, sagt Nazim und da grinst das Mädchen zufrieden und verschwindet wieder im Tunnel der Rutsche.

»Aaina«, sagt Sona wieder leise.

Nazim schaut verlegen auf den Boden. Auf Instagram hat Kessie vor längerer Zeit einmal Fotos von dieser Aaina gesehen, Nazims Frau. Dunkelhaarig, mit einem Lächeln, das man »umwerfend« nennen muss, läuft sie barfuß und in floralen Stoffen einen Strand entlang, posiert im Yogadress vor einem Buddha, steht im weißen Kittel vor einer Klinik, umringt von Menschen im Rollstuhl. *Love always wins. Spread Kindness. Today is World Spina Bifida and Hydrocephalus Awareness Day 2023*, solche Sachen stehen unter den Bildern. *Love, Kindness, Awareness.* Dagegen ist nichts einzuwenden, aber es ist wie mit den Schlössern an der Hohenzollernbrücke. Kessie kommt so viel Gutes auf einem Haufen verlogen vor, vielleicht versteht sie es auch einfach nicht. *Love always wins,* was genau soll das bedeuten?

»Und so lange bleibst du noch hier, schätze ich?«

»Bitte was?«

Nazim lächelt. »Solange deine Mutter sich eingewöhnt?«

»Ja. Ich werde die Wohnung ausräumen und ihr am Anfang helfen.«

»Dann sehen wir uns ja jetzt öfter. Schätze ich.«

Kessie steht auf, wieder bückt sich Nazim – diesmal nach der Postkarte. Kurz betrachtet er das Motiv. »Lange ist das her«, sagt er und reicht ihr die Karte.

»Was ist lange her?«

»Dass Ihrscheid mal so aussah.«

»Papa.«

Kessie hat das Mädchen nicht kommen sehen, es steht neben ihnen und dreht sich zu Pan, hält ihm fachmännisch die Hand hin, sodass er schnuppern kann. Nazim hebt es hoch, federleicht scheint es auf den Armen seines Vaters zu sitzen.

»Wer ist die Frau?«, flüstert das Mädchen ihm ins Ohr, und ohne eine Antwort abzuwarten, schaut es sie an und sagt: »Ich bin die Yugi. Und ich bin sechs. Geworden.«

»Und ich bin die Kessie.«

»Und wie alt bist du?«

»Ich bin 45.«

Das Mädchen macht große Augen.

Nazim lacht. »So was fragt man eine Lady nicht«, sagt er.

»Was ist eine Lady?«, fragt Yugi.

»Ich jedenfalls nicht«, sagt Kessie und grinst.

»Ist das dein Hund?«

»Ja, das ist der Pan.«

»Ich will auch einen Hund«, sagt sie, »aber Papa erlaubt das nicht.«

Sie windet sich in Nazims Armen, der lässt sie runter, und nachdem sie Pan ein wenig gestreichelt hat, rennt sie zurück durch den Sand zu der Rutsche. »Kessie, schau mal!«, ruft sie und verschwindet im Tunnel.

Kessie winkt ihr zu, als sie wieder auftaucht, dann stopft sie die Postkarte in ihren Rucksack.

»Also dann«, sagt sie, »mach's gut.«

»Ja. Tschüs«, antwortet Nazim.

Ohne sich noch einmal umzudrehen, läuft Kessie mit Pan die Straße runter, sie rennt fast schon, wie früher, wenn sie im Dunkeln auf dem Nachhauseweg meinte, Schritte hinter sich zu hören. Nachdem sie diesen Wichser an der Bahnhaltestelle gebrandmarkt hatte, fing sie mit Selbstverteidigung und Kickboxen an. Die Adresse gefiel ihr: *Ihrscheider Boxclub 1921, Im Haufeld 13*. Sie mochte auch ihren Lehrer, »Sultan« nannte er sich, er verehrte Mohammed Ali und sprach mit breitem rheinischem Akzent. Besser gesagt: brüllte. Brüllend brachte er ihnen bei, treffsicher in Hodensäcke zu treten, sich aus Würgegriffen zu befreien, die richtige Haltung einzunehmen, um gar nicht erst als potenzielles Opfer infrage zu kommen. Zuletzt brachte er ihnen das Brüllen bei. *Wenn gar nichts anderes geht, brüllt ihr, kapiert?*, brüllte er, dann schickte er sie auf den Todesparcours. Allein im Dunkeln mussten sie durch die Tiefgarage am Bahnhof laufen. Sultan positionierte »Feinde« – Jungs aus dem Boxclub –, gegen die sie sich wie in einem Videospiel zur Wehr setzen sollten. Nazim überraschte Kessie von hinten, als sie schon an den Frauenparkplätzen vorbei zum Ausgang lief. Er schlang ganz sanft die Arme um sie, Kessie konnte sich keinen Millimeter mehr rühren. Sie brüllte aus Leibeskräften direkt in sein Ohr, nur kurz ließ er locker, und sie schlug vor Schreck so hart zu, dass seine Nase brach. Blut tropfte auf sein *Che-Guevara*-Shirt, aber er lächelte nur, während sie eine Entschuldigung stotterte.

 Als sie ihn das nächste Mal im Haufeld sah, lud sie ihn

auf ein Bananenweizen ein. Frisch geduscht saßen sie an der Vereinstheke, neben sich die schweren Taschen, die Boxhandschuhe. Seine Nase war fast verheilt, seine langen, nassen Haare hingen ihm ins Gesicht, und sein Geruch – eine Mischung aus Männerduschgel und Kardamom – betäubte Kessie. Einmal berührten sich zufällig ihre Knie, es traf sie wie ein Stromschlag – als hätte ein Defibrillator sie ins Leben zurückgeholt. Aus den Boxen dröhnten *Die Toten Hosen*. Sultan wischte über die Theke und brüllte: *Komm, ich zeig dir, wie groß meine Liebe ist, und bringe mich für dich um.*

Am Fluss bleibt sie stehen, sie lässt Pan von der Leine, stapft durch das hohe Gras zum Ufer. Der Hund schaut sie erwartungsvoll an, sie holt den Tennisball hervor, wirft ihn wieder und wieder auf die Auwiesen. Weiß und blassrosa blühen die Brombeeren, strömen ihren sauberen und zugleich wilden Duft aus – doch ein bisschen Postkartenidylle.

DOGVILLE

Grit:	Schaut mal wie niedlich....
Charly:	omg schneeflöckchen weisslöckchen bist du hunde am tindern
Grit:	Nein...der neue Familienhund von meiner Schwester.
Charly:	boah die gibt sich aber auch die volle packung kind und welpe
Grit:	Hast du nen Test gemacht?
Charly:	nein ich warte noch ein paar tage ist vielleicht auch nur 2. zyklushälfte binge eating werwolf week

Kessie:	Hallo zusammen.
Grit:	Hey du-hu! Wie wars im Heim?
Kessie:	Ok. Heimleiterin ist nett. Ansonsten deprimierend. Hatte eine Begegnung der 3. Art. Plötzlich steht meine alte Jugendliebe vor mir.
Grit:	Im Heim?
Charly:	was macht der da doch nicht etwa bewohnen?
Kessie:	Seine Mutter lebt dort. Passt ja auch vom Alter. Was für eine Zeitreise
Charly:	wart mal der boxer???
Kessie:	Ja.
Grit:	Stimmt....bei *Cielo di Berlino* hast du mal davon erzählt...der ist mit einer Ärztin verheiratet...du hast ihm die Nase gebrochen...der?
Kessie:	Korrekt.
Charly:	hä nase? ich dachte das war so ein herzgebreche
Kessie:	Herzen können nicht gebrochen werden, sie verlieren sich in der Realität.
Charly:	von wem ist das von dir du smarte Muschi??
Kessie:	Marcus Steinweg, Aporien der Liebe.
Grit:	Melde mich später....hier kommt gerade jemand
Charly:	das ist fritz der ist gleich los als ich meinte du brauchst hilfe als gäbe es was umsonst

»Hallo?« Fritz steht am Gartentor, er hält Bubba an der Leine, unter seinem Arm klemmt ein Nistkasten. »Ich habe gehört, dass du Hilfe brauchst.«

Grit umkurvt die Möbel und Kisten und geht auf ihn zu. Dirk hat recht. Natürlich ist Fritz *weird.* Er redet ein bisschen wie eine Künstliche Intelligenz, er liebt Jacques Offenbach und hat seinen Hund vegan ernährt, aber niemand ist weirder als Dirk, nichts ist seltsamer, als morgens auf dem Klo Affirmationen runterzurattern wie andere das Vaterunser.

»Was für eine Wildnis«, sagt Fritz. Er tritt auf den Rasen und schaut sich um. Seine Haare sind dicht, der Ansatz ragt ihm vorn spitz zulaufend in die Stirn hinein, und zusammen mit seinen Augenringen gibt ihm das den Look von einer Art liebem Dracula, der von Blut auf grüne Smoothies umgestiegen ist. Bubba schnuppert sich einmal an den Möbeln entlang und findet einen Sonnenplatz, auf den er sich mit der ganzen Masse seines Körpers fallen lässt. Er reibt genüsslich den Kopf im Gras, wälzt sich, niest.

Fritz stellt den Nistkasten auf dem Tisch vor der Hütte ab und bückt sich, streichelt ein paar Blumen über die Köpfe.

»Flockenblume, Hundskamille, Moschus-Malve und Gelber Wau. Wie schön«, sagt er. »Darf ich?« Er zeigt auf die Hütte.

»Ja klar, geh ruhig rein«, sagt Grit, aber Fritz bleibt diskret in der Tür stehen.

»Was ist in den Kisten?«

»Bücher. Die räume ich heute ein.«

»Die Kleingartenordnung hast du vorliegen?«

»Ja, da steht ein Drittel Nutzpflanzen, ein Drittel Zierpflanzen, ein Drittel Hütte. Wozu zählt eigentlich der Rasen?«, fragt Grit.

Fritz läuft an ihr vorbei und verschwindet hinter der Hütte.

»Ich finde nirgends Gartengeräte«, sagt Grit. »Suchst du was Bestimmtes?«

Etwas Nasses stippt Grit in die Kniekehlen, Bubba steht hinter ihr und hechelt. Sie stellt das Wasser an und lässt es aus dem Gartenschlauch in eine alte Schüssel laufen, aber Bubba trinkt lieber direkt aus dem Gartenschlauch.

»Fritz?«, ruft Grit.

Sie findet ihn in der Nähe des Zauns zum angrenzenden Grundstück, er hat die Brombeeren zur Seite geschoben und hinter eine Kunststoffbox geklemmt, die offenbar Kompost enthält. Der Deckel ist hochgeklappt, und Fritz steht da, die Hände schwebend in Reiki-Pose über dem Kompost, als wollte er ihn heilen.

»Ist alles in Ordnung?«, fragt Grit.

Fritz öffnet die Augen. Er beugt sich tief hinab und atmet ein. »Ja«, sagt er schließlich, »alles in bester Ordnung.«

»Was hast du gemacht?«, fragt Grit vorsichtig.

»Gerochen und gefühlt. Ob der Kompost zu nutzen ist.«

»Ist Kompost und Humus das Gleiche?«

»Humus ist die Bezeichnung für die organische Substanz eines Bodens. Kompost ist das Gemisch, das verrottet.«

Fritz bückt sich und öffnet ganz unten an der Kunststoffbox eine Klappe, greift hinein, holt eine Handvoll Erde heraus, lässt sie in seiner Hand zerbröseln.

 »Dieser Kompost ist in Ordnung. Er lebt. Er wird zu

Humus. Das hier«, sagt er, »ist schon Humus. Du kannst die Beete damit nähren.«

Er klappt die Öffnung wieder zu und greift nach dem Jutebeutel, der die ganze Zeit neben ihm gestanden hat. Kleine, feste schwarze Kugeln sind darin. Er wiegt sie in den Händen, als wären es kostbare Kaffeebohnen.

»Der Kompost braucht ein bisschen Eiweiß und Wärme«, sagt Fritz.

»Sind das Hasenköttel?«, fragt Grit.

Fritz nickt. »Ich habe sie eben im Park gesammelt«, sagt er, »die Kita-Kinder haben mit dem Finger auf mich gezeigt. Da sammelt jemand Kacke, meinten sie. Der Erzieher hat ihnen dann befohlen, sich von mir fernzuhalten.« Er lächelt. »Hasenköttel sind des Komposts Hülsenfrüchte.« Er mischt die schwarzen Kugeln unter und winkt Grit heran. »Du kannst fühlen, dass er lebt.«

Vorsichtig hebt Grit die Hände und schließt die Augen. Tatsächlich spürt sie einen leichten, warmen Zug.

»Der Boden ist das A und O im Garten. Ohne gesunden Kompost kein gesunder Boden, und ohne gesunden Boden kein gesunder Garten.«

»Okay«, sagt Grit, »aber wo ist das Gartengerät?«

Fritz inspiziert den dichten Efeu, der die Sicht auf das Nachbargrundstück versperrt. Wie die Vorhänge an Charlys Ladenfenster zieht er ihn zur Seite, reißt ihn da, wo es nötig ist, mit einem *Ratsch!* herunter. Dahinter kommt ein modriger Geräteschuppen zum Vorschein. Fritz rüttelt an dem Knauf, stemmt seine Dreiloch-Dr-Martens fest in den Boden, bis ihm die Tür entgegenfliegt und ein Haufen Dosen und Kartons auf ihn herabfallen.

»Bitte, wir brauchen einen Müllsack«, sagt er, und

als Grit zurückkommt, hat Fritz sich Kotbeutel über die Hände gezogen.

»Hier«, sagt er und hält Grit zwei hin. »Das können wir nicht einfach anfassen und entsorgen. Das ist alles Gift. Gegen Maulwürfe, Wühlmäuse, Ameisen.«

Grit lugt ins Innere des Schuppens. Ganz hinten steht sogar ein Rasenmäher. Fritz inspiziert alles, legt ein Gerät nach dem anderen symmetrisch nebeneinander auf den Rasen.

»Rechen. Gut zum Laubsammeln. Spaten. Nein. Umgraben schadet dem Boden. Heckenschere. Leider notwendig aufgrund der Verordnung. Es fehlen ein Sauzahn und eine Jätefaust.«

»Du kennst dich mit Gärten aus, was?«

»Was ist ein Garten?«, fragt Fritz. »Ein Garten ist ein Ort, in dem eine Person die Bedürfnisse der Pflanzen kennt. Sie baut Pflanzen an, um sich zu ernähren und um sich an Blumen und Tieren zu erfreuen. Dabei schützt sie die Umwelt, weil sie die Lebensgrundlage für kommende Generationen schafft.«

»Ich finde ja, dass dieser Garten schön ist, wie er ist.«

»Wir könnten einen faulen Garten anlegen«, sagt Fritz.

»O bitte. Ja.«

»Wenn wir mulchen, entsteht kaum Unkraut und du müsstest viel weniger gießen. Wir könnten viele mehrjährige Pflanzen anbauen. Artischocken. Erdmandel. Topinambur steht hier schon.«

»Kannst du auch Radieschen setzen?«

»Radieschen setzen. Ja.«

»Was sind Sauzahn und Jätefaust? Klingt ein bisschen wie *Der gute Mensch von Sezuan* und Goethes *Faust*.«

»Das gibt es beides im Baumarkt«, sagt Fritz. »Da besorgen wir auch Regentonnen. Du musst immer Wasser haben. Dürfte ich den Nistkasten in den Birnbaum hängen?«

»Meinst du, da gehen wirklich Vögel rein?«, fragt Grit.

»Warum nicht?«

»Na, weil hier Menschen leben.«

»Wir stören die Vögel nicht. Du wirst dich wundern. Wenn ich das nächste Mal komme, ist er bewohnt. Und wir könnten ein Kompostklo bauen. Hinter der Hütte ist Platz. Wo die Brombeeren wuchern.«

»Ist das nicht teuer?«

»Das ist gratis. Das bauen wir aus Wohlstandsmüll, nach dem Vorbild vom *Clivus Multrum.*«

»Bitte?«

»Das war das erste und beste fabrikmäßige Kompostklo. Wir bauen das nach.«

»Okay, cool.«

Fritz holt die Leiter, die hinter der Hütte steht, und Grit schaut ihm dabei zu, wie er in den Baum klettert und dort den Nistkasten befestigt.

»Magst du Vögel?«, fragt er, als er wieder auf dem Rasen neben ihr steht.

»Ja«, sagt Grit. »Jeder mag Vögel, oder?«

»Keine normalen Vögel. Pfauen.«

»Ja, auch. Warum?«

»In Neukölln wird in den kommenden Wochen ein Streichelzoo aufgelöst. Wegen Geldmangel. Zwei Pfauen suchen eine Unterkunft.« Fritz räuspert sich. »Könntest du dir vorstellen, die beiden Vögel zu beherbergen? Nur vorübergehend. Ab August haben sie Platz in einem Vogelpark in der Uckermark. Als Gegenleistung würde ich dir bei der Gartenarbeit zur Seite stehen.«

»Ja, klar. Ich brauche jede Hilfe, die ich kriegen kann. Und Pfauen bringen doch Glück, oder?«

»Das weiß ich nicht«, sagt Fritz, »aber Pfauen tun dem Garten gut. Ihr Kot düngt den Boden und ihre Schnäbel lockern die Erde.«

»Na dann«, sagt Grit und hält ihm die Hand hin, legt sie in seine, die sich warm und wulstig anfühlt. Goldschmiedhände.

DOGVILLE

Charly: ich kann nicht schwanger sein ich puste gummis nach dem sex ab wie soll ich das denn nicht gecheckt haben wenn sich da eine Kaulquappe vorbei gequetscht hätte

Grit: Was meinst du mit Gummis abpusten?

Kessie: Was heißt »Gummis abpusten«?

Charly: ich puste rein und schau ob die dicht sind wie bei einem luftballon

Kessie: Wenn sie voll sind?

Charly: klar vorher bringt das ja gar nichts kannst dann auch schlecht reinpusten

Kessie: Ich weiß nicht mal mehr, wie man ein Kondom aufrollt. Fühle mich zugewachsen wie eine Jungfrau. Geht das?

Charly: nein kannst nicht zuwachsen gibt nicht mal mehr richtige jungfrauen will sagen hymen ist inzwischen widerlegt hat sich die entjungferungsindustrie ausgedacht

Kessie: Verstehe. Offenbar hat sich einiges getan, seitdem ich das letzte Mal Sex hatte.

Charly: ja google mal jungfrau hymen kannst nicht zuwachsen.

Grit: Das wars dann wohl mit meinem geplanten Lyrikband »Hymen an die Macht«

Charly hat so fest in die Pedale getreten, dass ihr die Haare im Nacken kleben. Kurz entschlossen hat sie einen Umweg gemacht, ist am Potsdamer Platz noch schnell in die Arkaden gesprungen, um dort beim Drogeriemarkt einen Schwangerschaftstest zu kaufen – zwei, zur Sicherheit. Sie hat noch einen dieser Pappbecher vom Wasserspender mitgenommen, damit sie etwas hat, in das sie reinpinkeln kann. Stündlich hat sie in den letzten Tagen nachgeschaut, sich in den Schritt gefasst in der Hoffnung, Grits alten Tampon endlich benutzen zu können. Nichts. Da unten ist so dicht, als hätte ihr Uterus abgeschlossen und den Schlüssel in die Spree geschmissen. Sie zieht den Fahrradhelm vom Kopf, lüftet ihr Shirt, schwitzt und schwitzt. Ungewaschen fühlt sie sich, normalerweise gut an einem Sommertag, wenn es die Aussicht gibt auf eine Abkühlung am Plötzensee mit Leander, aber nicht unter diesen Zurechtgemachten, jungen Männern und Frauen in lässiger, gepflegter Kleidung. Aufgereiht sitzen sie, als wäre hier das Wartezimmer eines Zahnarzts.

»Ich komme zum Casting«, sagt Charly, »sorry für die Verspätung.«

Ein junger Praktikant reicht ihr ein Klemmbrett, er trägt diese Ohrringe, die die Ohrläppchen aussehen lassen wie Affenschaukeln. Charly lässt sich auf einen Stuhl fallen. Haarfarbe, Größe, Gewicht soll sie eintragen – wie ein Anamnesebogen. *44*, schreibt sie in eines der Kästchen und schaut sich verstohlen um. Ihr gegenüber sitzt ein junger Mann mit bunter Brille und Segelohren, rechts von ihr eine Schöne mit glatten, glänzenden Haaren, fast noch ein Mädchen. Ihre Turnschuhe sind so weiß, dass sie blenden – daneben Charlys schmutzige Espadrilles, aus denen ihre Waden ragen. Jahrzehntelanges Rasieren und Wachsen haben die Hälfte der Haare veröden lassen. An manchen Stellen haben sich die Haarwurzeln entzündet, die Haare sind in die falsche Richtung gewachsen, mussten mit der Pinzette raus, dort haben sich kugelrunde, dreidimensionale Narben gebildet, wie kleine Condylome sehen sie aus. Den Rest lässt Charly inzwischen stehen – struppige Gewächse, denen ihr Trotz und Überlebenswille anzusehen ist. Sie steht auf, legt das Klemmbrett auf den Tresen und wendet sich dem Buffet zu – dem einzig Gehaltvollen bei Filmcastings. Ein langer Tisch, beladen mit Kaffeekannen, Softdrinks, Körben voller Schokoriegel und Brotplatten. Niemand scheint sich bislang daran bedient zu haben. Zu Dreiecken halbierte Sandwiches ragen sternförmig nach außen, bilden ein Mandala aus Toast, Tomaten, grüner Garnitur, und Charly hat die offizielle Erlaubnis, es zu zerstören. Sie reibt sich die Hände, greift nach einem Wurstbrot. Im Schmuckwinkel ist Fleisch verboten, also nutzt sie die Gelegenheit und schiebt sich das Sandwich tief in die Mundhöhle, stopft es wie Bubbas Bettzeug in die Waschetrommel. Sie kaut und pumpt Kaffee in einen Becher. Das Weißmehl pappt an ihren Zähnen, Charly schlürft, das Brot gibt nach, zerfällt und gleitet widerstandslos den Schlund hinunter. Die Schöne mit den weißen Turnschuhen ist aufgestanden, steht an der Tür und hält sich ihr Handy wie ein Knäckebrot vor den Mund, während sie leise spricht, dann geht sie zurück zu ihrem Platz und wendet sich wieder dem Castingsheet zu, murmelt vor sich hin, als würde sie einen Rosenkranz beten. Charly nimmt sich noch ein Sandwich – ekelhaft, denkt die Schöne bestimmt, diese fette italienische Salami, und dass Charly das hier nicht richtig ernst nimmt, dabei wird das Zeugs sonst weggeschmissen, wenn sich keiner erbarmt. Hier kommt später keine Grit vorbei und rettet Brote, und Text muss Charly auch nicht lernen, auf ihrem Castingsheet steht: *Sei einfach du selbst. Denk dir was aus, eine kleine Story. Vielleicht bist du Raucherin und auf unsere gesündere Tech-Zigarette umgestiegen? Deiner Fantasie sind keine Grenzen gesetzt – Hauptsache, du zeigst uns deine Persönlichkeit.*

Sie selbst. Persönlichkeit. Charly nimmt sich ein drittes Dreieck. Damals auf der Schauspielschule zählte nur Verwandlung. Man wurde zur Antigone, zur Medea, zur Penthesilea, löste sich völlig in der Rolle auf – je größer der Kontrast zu dir selbst, desto gelungener. Wer soll denn das auch bitte sein, denkt Charly, *ich*? Ich bin doch so viele, deshalb liebe ich das Spiel, aber egal. Nicht zu viele Gedanken machen, sie ist hier, um ihren Sachbearbeiter vom Jobcenter ruhigzustellen, alle paar Wochen ist das muffige Büro in der Wolframstraße ihre Bühne, und Herr Fischer schaut zu und denkt sich danach hoffentlich, die bemüht sich wenigstens, die Arme – mit den Haaren, den Zähnen, den Beinen.

Sie nimmt sich eine Handvoll Minisnickers und setzt sich, schlägt die Beine übereinander, als wäre sie Marlene Dietrich, lutscht und kaut, steht noch mal auf, packt sich noch eine Handvoll Minisnickers in ihren Rucksack, schiebt sich die Erdnüsse im Mund wie ein Hamster in die Backentaschen. Nüsse kann sie nicht mehr kauen, wenn sie die Zahnprothese nicht drin hat. Und jetzt mal ganz kurz konzentrieren. Wäre schon geil, das Geld – für die zwei letzten Implantate und die Kosten, die Bubbas Benehmen verursacht. Charly studiert das Castingsheet.

*Gemeinsam mit deine*r Partner*in spielt Ihr ein Date (Café, Park o. Ä.). Du willst deine*n Partner*in besser kennenlernen, fragst ihn/sie nach Hobbys, Haustieren. Du kennst ihn/sie noch nicht lange, aber du bist schon verliebt.*

Verliebt sein – kann sie nicht anbieten, weder auf der Bühne noch im echten Leben. Es ist wie mit dem Einrollen der Zunge, es gelingt ihr nicht. Die Sprachlosigkeit, die feuchten Hände, Liebeskummer – Charly kennt all das nur aus Erzählungen. Sie kennt Kränkungen, so ist das nicht. Sie kennt die Wunde der Zurückweisung. Als sie mit 18 nach Berlin auf die Schauspielschule ging, dachte sie, dass ihr Leben ab jetzt nur noch der Glücksrausch einer Auserwählten, eine Aneinanderreihung toller Momente sein würde.

Ihr erstes Engagement, gleich an einem der größten Häuser der Stadt, ewig wird diese Liebe zum Theater halten, schwor Charly sich. Heute weiß sie, es grenzt an ein Wunder, dass sie es dort ein Jahr lang ausgehalten hat. Das Gretchen, Lulu, Lolita – diese in Großväter verliebten Kindfrauen, auf die sie festgelegt wurde. Egal, was sie spielte, am Ende stand sie immer nackt und mit Kunstblut überströmt auf der Bühne, wie ein besiegter Stier in der Arena. Nach der Sommerpause kam sie mit kurzen Haaren auf die erste Probe – *Katzelmacher.*

»Ich will den Jorgos spielen«, sagte Charly, »nicht die Marie.«

»Bist du verrückt geworden«, schrie der Regisseur sie an, »du kannst dir doch nicht einfach deine Haare abschneiden.«

»Doch. Ich spiele einfach den Jorgos.«

Der Regisseur packte sie, zog sie durchs Foyer auf die Wiese vor dem Theater. »Du spielst die Marie, mit langen Haaren. Ist mir egal, wie lange du dafür vor der Vorstellung in die Maske musst. Und lass dir endlich diese Zähne machen, die Zahnlücke vorn, die muss weg. Zahle ich zur Not aus der Portokasse.«

»Ich mag die, Madonna hat auch eine«, war Charlys Antwort.

»Madonna«, rief der Regisseur, »wie willst du denn mit solchen Hauern Karriere machen? Mädchen, in zehn Jahren spielst du mit der Visage nur noch Waschfrauen. Kannst du haben. Und jetzt Abmarsch.«

Charly marschierte ab und betrat nie wieder eine Bühne. Sie drehte nur noch, spielte Weinköniginnen, Junggesellinnen, Bräute, Geiseln, Groupies, Nutten, Mütter, Junkies. Hier in diesem Castingstudio hat sie auch schon vorgesprochen, gleich nachdem sie am Theater aufgehört hatte, eine Episodenhauptrolle für den *Tatort*. Die Begeisterung der Regisseurin, der Anruf von der Agentur: *Das wird was!* Dann das Veto der Produzentin: *Sie ist nicht glatt genug. Die Zahnlücke.* Den ganzen Tag verbrachte Charly im Bett. *Zahnlücken bringen Glück,* das hat ihr Vater immer gesagt, *Madonna hat eine, wir sind Glückskinder* – meinte er, bevor er sich aus dem Staub machte. So. So muss sich Liebeskummer anfühlen, dieses brennende Loch in der Brust, als hätte ihr jemand eine Zigarette direkt auf dem Herzen ausgedrückt.

DOGVILLE

Charly: wie läufts mit dem boxer?

Kessie: Gar nicht. Habe ich dir schon 4 Mal geschrieben.

Charly: du hast nachgezählt

Kessie: Ist heute nicht dein Casting?

Charly: jes

Kessie: Du strengst dich an, ja? Hast du mir versprochen.

Grit: Viel Glück!

Charly: danke danke

Kessie: Kennst du die Geschichte von Charon und dem Obolus?

Charly: der belgier mit der bulldoge aus dem gleisi?? der heißt aber obelix was ist mit dem

Kessie: Quatsch. Charon ist der Fährmann aus der griechischen Unterwelt. Er bringt dich in den Hades, dafür musst du ihn mit dem Obolus bezahlen. Eine Todesmünze, die du unter deiner Zunge verwahrst. An ihr schmeckt Charon, ob du deine Talente auf Erden genutzt hast.

Charly: wie der nimmt die in den mund nachdem ich sie im mund gehabt habe bah

Grit: Als ob du dich vor sowas ekeln würdest ...

Kessie: Charon nimmt sie in den Mund. Nachdem du ihn bezahlt hast. Er schmeckt daran dein ganzes Leben. Wenn du es verschwendet hast, lässt er dich am Ufer zurück, an dem du hundert Jahre als Schatten herumirrst,

	bis er es sich anders überlegt. Und dich vielleicht doch übersetzt.
Charly:	nein kenne den nicht aber denke er verzeiht mir wenn ich bei einem werbecasting verkacke
Grit:	Kommst du denn klar in Ihrscheid? sag wenn du hilfe brauchst.
Kessie:	Komme klar. Nazim hat mir seine Hilfe angeboten.
Charly:	du triffst ihn doch!!
Kessie:	Ja. Sehe ihn fast jeden Tag. Seine Mutter ist schwer krank. Kann kaum noch essen. Hat grad eine OP hinter sich.
Grit:	Auch ein Sturz?
Kessie:	Nein. Man hat ihr eine PEG gelegt. Melde mich später, muss gleich los. Heute zieht Dolores ein.
Charly:	Was ist 1 peg

Drei Bilderrahmen liegen vor Kessie auf der Matratze der Mutter. Sie hat sie von der Wand über dem Bett genommen – jetzt sind da nur noch weiße Vierecke an der Stelle, wo die Rahmen jahrzehntelang gehangen haben. Es ist noch genug Zeit bis zu Dolores' Ankunft im Heim, sie sollte eine Pause machen, aber zur Ruhe kommt Kessie erst, wenn die Mutter sicher in ihrem neuen Zuhause untergebracht ist. Vielleicht schafft sie es noch, vorher alle Bilder über das neue Bett im Heim zu hängen. Nacheinander packt sie sie in Bettbezüge: Dolores am Strand von Torre-Pacheco, Álvaro mit Wanderstiefeln und strammen Waden in den schottischen Highlands und Kessie vor einem hellen Fotohintergrund, im Ballettkostüm. Dolores wollte aus ihrem stillen Kind ein fröhliches Mädchen machen. Ihrscheid sollte ein Neuanfang werden, aber die Ballettlehrerin mochte Kessie nicht. *O-Beine gehören nicht ins Ballett,* sagte sie immer wieder und klopfte ihr dabei mit einem Stock gegen die Waden. Einmal im Jahr kam der Fotograf, sie zwängten sich dafür in Tutus – staubige Kleidchen, an den Rändern zerfranst, wie Vögel in der Mauser, die nur an diesem Tag hervorgeholt wurden und den Rest des Jahres in muffigen Schränken hingen. Auf dem Bild ist Kessie zehn, entzückend sieht sie darauf aus, der kleine schwarze Dutt am Hinterkopf, das Schlüsselbein wie gemeißelt. Zwei Jahre später entstand noch ein Ballettfoto, Dolores hat es hinter das erste geschoben. Darauf ist sie zwölf, mitten in der Pubertät, blass und pickelig, vorn am Scheitel steht ein Haarbüschel ab wie ein Pinsel – eine Bürste hatte sich in ihrem Pony verfangen, die Dolores mitsamt der Haare hatte abschneiden müssen.

Kessie legt die gepolsterten Bilderrahmen in eine Ikeatasche und verlässt gemeinsam mit Pan das Haus. Oft ist sie in den letzten Tagen die kurze Strecke zum Pflegeheim gelaufen, dort ein und aus gegangen, aber gewöhnt hat sie sich nicht an den Geruch, die infantile Deko, die in Ecken vor sich hin dämmernden Alten, und der von Holzwürmern geplagte Jesus ist auch noch nicht abgeholt worden, nur eingepackt haben sie ihn – in Plastik. Pan hingegen trabt beschwingt durch die Automatiktür ins Foyer und genießt den Dunst des Kantinenessens, die vielen Hände, die sich hinter Rollatoren nach ihm ausstrecken. Kessie huscht unauffällig an Sonas angelehnter Tür vorbei.

Immer wieder hat Nazim ihr in den letzten Tagen seine Hilfe angeboten, aber mehr als die eine Fuhre Umzugskisten mit seiner alten Ente möchte Kessie nicht annehmen. Auch wenn sie froh ist, jemanden zu haben, mit dem sie zwischendurch draußen eine rauchen kann, ohne sich zu den Wächterinnen stellen zu müssen, die sie ständig anstarren. Einmal haben sie zusammen mit seiner Schwester Amira in der Cafeteria eine Cola getrunken, Yugi hat ihr ihre Schleichtiere vorgeführt und dann haben sie sich ein *Kitkat* geteilt, aber heute will sie kein Publikum, wenn die Mutter mit ihren grüngelben, nur langsam verblassenden Hämatomen hier landet.

Einige Sachen stehen bereits in Dolores' Zimmer. Die alte Wohnung war klein, aber jetzt wird sie sich noch mal auf ein Viertel der alten Fläche verkleinern müssen. Keine Küche mehr, kein Wohnzimmer. Kessie hat Dutzende Fotos gemacht, von Kleidern, Schmuck, Büchern, Deko – Dolores muss auswählen, was weg soll und was nicht. Für Pan hat Kessie ein altes Kopfkissen mitgebracht, das sie hinter dem Bett platziert. Pan legt sich brav auf seinen Platz und schon strahlt der Raum eine beruhigende Wärme aus. Sie holt Hammer und Nägel hervor und befestigt die Bilderrahmen über dem Bett, tritt einen Schritt zurück, um ihr Werk zu betrachten. Jetzt hängt auch sie hier fest.

DOGVILLE

Kessie: @charly eine PEG ist eine Magensonde

Grit: Was ein süßes Bild von dir als Ballettratte.
Das daneben ist dein Bruder?

Charly: magensonde für flüssignahrung

Kessie:	Ja. @grit Schick doch mal ein Foto von diesem Garten. Habe den noch gar nicht gesehen.
Grit:	Sieht grad sehr chaotisch aus hier...schau selbst....wird Ende des Monats hoffentlich alles seine Ordnung haben.
Kessie:	Bett im Baum? Hollywoodschaukel? Ist ja Idylle pur. Davon träume ich hier in Brutalismus-City.
Grit:	lol...ja, der Baum ist ein Traum...früher habe ich immer Netflix beim Essen geschaut...hier habe ich gar kein Internet...stattdessen schaue ich in den Baum...da wohnen zwei Eichhörnchen in einer Höhle....ich dachte am Anfang, die streiten sich um etwas...die sind immer schreiend am Baum rumgerannt. Dann habe ich kapiert, dass die nur spielen...stundenlang.
Kessie:	Hoffe, du kannst den Garten behalten. Freue mich schon sehr, mit euch und den Hunden dort Zeit zu verbringen. Vermisse Berlin sehr. Und euch.
Charly:	awww ich vermisse dich auch voll ich werd richtig emo wenn ich nur an dich denke du kannst nicht einfach wochenlang wegfahren ich leide dann
Kessie:	Hase. Du übertreibst wie immer. Aber ich freue mich auch schon sehr auf unseren nächsten sonntäglichen Filmabend mit Hunden und Pizza.
Grit:	Bist du noch beim Casting?

Charly: ja war zu spät jetzt lassen die mich bisschen schmoren

Grit: rofl … ist ja wie beim Zahnarzt.

Kessie: Steck das Telefon weg und konzentriere dich.

Charly: ja ja ma ma

Die Tür zum Studio öffnet sich, die Casterin betritt den Raum – eine Frau in ihrem Alter mit klobigen Schuhen und hochgekrempelten Hosen. Sie ruft Charly und den jungen Mann mit Brille herein. Charly hat gerade noch Zeit, die Erdnüsse aus ihrer Backentasche in eine Serviette zu spucken und im Mülleimer zu versenken.

Im Studio ist es warm und stickig, Charly schwitzt wieder. Den Impuls, ein Fenster zu öffnen, unterdrückt sie, stattdessen lächelt sie mit geschlossenem Mund in den Raum. Hinter der Kamera kommt eine Frau hervor. Nett sieht sie aus, ein bisschen wie Patti Smith, sie hat zerzauste Haare und trägt eine löchrige Jeans.

»Hallo«, sagt sie, reicht Charly und dem mit der bunten Brille die Hand, »ich bin die Regisseurin. Schön, dass ihr gekommen seid.«

Seltsam, denkt Charly, während sie sich auf die Bodenmarkierung vor der Kamera stellt. Was will denn die Regisseurin hier? Normalerweise besetzen die für einen dummen Werbespot vom Band und lernen ihre Schauspieler persönlich erst am Set kennen. Charly dreht sich wie ein Sträfling ins Profil, hält die Hände in die Kamera, voller Schokoflecken sind die, sagt ihren Namen, danach ist ihr Kollege dran. Er dreht sich, nimmt seine Basecap ab, hält die Hände in die Kamera, sagt seinen Namen. Hässlich ist er – nicht schlimm. Hässliche Männer gehen immer, auf der Bühne, vor der Kamera. Man gönnt sie sich, das macht Charly auch, aber würde sie so aussehen – Segelohren, kaum noch Haare, schlechte Haut und eine bunte Brille auf der Nase –, sie hätten sie nicht mal beim Weihnachtsmärchen in der Grundschule auf die Bühne gelassen.

»Entschuldigung«, flüstert er, als er neben Charly auf dem Sofa sitzt und sich die Regisseurin hinter der Kamera mit der Casterin bespricht, »darf ich dich mal was ganz Blödes fragen? Du hast doch bei *Schwarzer Schmetterling* mitgespielt, oder?«

Charly nickt.

»Krass. Ich würde die Serie so gern noch mal sehen, aber ich kann die nirgends finden.«

»Die streamt keiner mehr«, sagt Charly. »Musst du dir in der Amerika-Gedenk-Bibliothek ausleihen. Auf DVD.«

»Was, echt? Ich finde sie großartig. Besser als *Das Boot*. Die Serie war ihrer Zeit voraus. Vor allem deine Rolle. Stella Stardust.«

»Danke.«

Sie schaut ihn sich genauer an. Hässlich-süß ist er – wie Blauschimmelkäse, Schweinefüße, nordische Rentierblutsuppe.

»Also«, ruft die Casterin, »folgende Situation. Ihr seid auf einem Date. Ihr kennt euch schon, ihr seid verliebt.« Sie reicht Charly einen Tabakerhitzer. »Improvisiert einfach«, sagt sie, »ein bisschen sexy soll es sein. Aber das Wichtigste ist, dass ihr authentisch seid.«

Bunte Brille und Charly albern auf dem Sofa herum, sie sitzt auf seinem Schoß und hält ihm die gesunde Zigarette hin. Sie hat sich schon länger keinen Cheeseburger mehr gegönnt. Jetzt gleich, wenn der Quatsch fertig ist, macht sie den Test, noch hier auf dem Klo, und dann nimmt sie zur Belohnung Bunte Brille mit in den Schmuckwinkel, und sie schauen *Schwarzer Schmetterling* auf den Vorhängen und vögeln. Einmal, zweimal – mal sehen, was sich so ergibt.

»Danke, bis hierhin erst mal«, ruft die Casterin.

Charly schultert ihren Rucksack, bedankt sich brav in Richtung Kamera, die Nächsten betreten nervös den Raum, und sie fasst den Cheeseburger am Handgelenk. »Warte kurz, ja?«

Der Cheeseburger nickt brav. Auf der Toilette legt sie ihr Telefon auf den Spülkasten. Zu oft sind ihr schon Handys beim Pinkeln ins Klo gefallen. Sie packt den ersten Test aus, hält sich den Pappbecher aus der Drogerie unter die Vu und lässt laufen. Sie zieht den Becher wieder hervor und hängt den Papierstreifen rein. Die Flüssigkeit arbeitet sich voran, ein erster Balken wird sichtbar. Lieber Gott, denkt Charly, aber weiter kommt sie nicht, so schnell ist der zweite Balken auf der Welt – eine echte Sturzgeburt. So hockt sie eine Weile da, den Streifen in der einen Hand, den Pappbecher in der anderen, das Handgelenk leicht eingeknickt, als wollte sie mit jemandem anstoßen.

Es klopft an der Klotür.

»Ja! Gleich!«

Sie kippt den Pappbecher aus, wirft alle Beweise weg und wäscht sich die Hände, als hätte sie Sondermüll berührt. Draußen vor der Tür steht die Regisseurin.

»Da bist du ja«, sagt sie. »Ich dachte schon, du wärst weg. Du bist so schnell aus dem Studio raus. Hast mich gar nicht gehört, was?«

 »Was? Nein, habe ich nicht.«

»Na ja, sonst hätte ich deine Agentur angerufen. Ich dachte nur, persönlich ist es besser.«

Charly merkt, dass sie den Kopf zur Seite legt wie Bubba, wenn er nicht so recht weiß, was die Welt von ihm will.

»Entschuldigung«, sagt die Regisseurin. »Also, es ist so. Ich besetze gerade eine Serie. Es ist die Geschichte von vier Frauen, die zusammen in einer Wäscherei arbeiten. Ich würde dich gern für eine der Hauptrollen besetzen.«

»Was?«, sagt Charly. »Aber nein, das geht nicht.«

»Wieso, hast du keine Zeit?«

»Zeit? Doch, Zeit habe ich wohl.«

»Ich kenne dich noch von *Schwarzer Schmetterling*«, sagt die Regisseurin. »Ich fand dich darin großartig. Ich habe mir auch die Castingbänder von der *heute-show* angeschaut. Sehr witzig. Schade, dass daraus nichts geworden ist.«

»Danke, aber das ist doch alles ewig her. Und ich habe seit Jahren nichts Großes mehr gespielt.«

»Ich weiß, ich habe auch gehört, dass du nicht gut bist, wenn der Druck zu hoch ist. Wenn du weißt, es geht um etwas. Deshalb habe ich dich zu diesem Casting hier eingeladen.« Die Regisseurin drückt ihr einen USB-Stick in die Hand. »Hier, lies mal auf die Figur der Emma hin. Nächste Woche bin ich wieder in Berlin, dann könnten wir uns treffen und proben. Ich habe dir die Szenen markiert, die wir dann spielen. Okay?«

»Ich weiß nicht«, stottert Charly, steht da mit dem USB-Stick, die Finger noch nass, sie hat vergessen, sie sich abzutrocknen, und am Tresen neben dem Praktikanten steht der Cheeseburger wie bestellt und nicht abgeholt. Die Regisseurin öffnet die Tür zum Treppenhaus und lässt Charly vorgehen.

»Du bist perfekt für diese Rolle«, sagt sie.

»Das kann nicht sein«, sagt Charly. »Ich bin nie perfekt für eine Rolle.«

Die Tür fällt hinter ihnen ins Schloss. »Die Zeiten haben sich geändert«, sagt die Regisseurin. »Ich arbeite seit zwanzig Jahren an diesem Stoff. Damals hätte ich den nie durchbekommen. Jetzt aber. Jetzt mache ich das, und ich hätte dich sehr gern dabei.«

»Zwanzig Jahre?«

Das Telefon der Regisseurin klingelt, sie macht eine Geste, dass sie drangehen muss, und winkt ihr noch einmal zu, und Charly steigt die Treppen abwärts, langsam, bedächtig, und als sie unten auf der Straße steht, sieht sie, dass unter ihren Espadrillen ein Papierstreifen klebt – der Schwangerschaftstest. Sie hockt sich hin, macht ein Foto von dem schmutzigen Stück Papier, auf dem die beiden Streifen jetzt deutlich in Violett zu sehen sind.

DOGVILLE

Grit:	o no ... ist das dein Testergebnis??
Charly:	nee jungfrau marias
Kessie:	Glaube ich nicht. Mach noch einen.

Die rauchenden Rollstuhlfahrerinnen haben am Eingang zum Pflegeheim wieder ihren Wachtposten eingenommen. Einer fällt Asche in den Schoß, sie schielt zu Kessie und spricht leise zu sich selbst, eine andere beugt sich vor und streckt die Hand nach Pan aus. Kessie zieht den Hund zu sich heran. Wo bleibt Dolores? Endlich kommt ein Krankenwagen, er verlangsamt sein Tempo, fährt rechts ran und bremst vor dem Heim ab. Zwei Sanitäter steigen aus, der eine öffnet die hinteren Türen, routiniert wie ein Müllmann wuchtet er sie auf.

»Guten Tag«, grüßt Kessie sie und blickt vorsichtig in den Wagen.

Da sitzt die Mutter – festgeschnallt in einem Rollstuhl, um den Hals ein Schal, der ihr bis zur Nasenspitze reicht.

»Mama«, sagt Kessie.

Einer der Sanitäter rüttelt unter dem Rollstuhl an einer Metallplatte.

»Rampe klemmt«, ruft er seinem Kollegen nach vorn durch.

Der steigt aus und kurzerhand packen sie den Rollstuhl und tragen Dolores wie die Königin von Saba in ihrer Sänfte auf den Bürgersteig. Der eine reicht Kessie die Krankenhaustasche, der andere wirft die Türen zu. »Brauchen Sie noch Hilfe?«

»Danke, ich schaffe das schon«, sagt Kessie, dann braust der Krankenwagen davon. Allein steht sie mit Dolores da.

»Mama«, sagt sie wieder und umarmt die Mutter, es ist eine hilflose Geste. Sie spürt die Blicke der Rauchenden, wie sie ihre ungelenke Begrüßung, tausendfach gesehen, zur Kenntnis nehmen. Pan springt am Rollstuhl hoch, wedelt mit dem Schwanz und versucht, der Mutter das Gesicht abzulecken, und da lächelt Dolores, während sie ihn halbherzig abwehrt. Für ihn ist sie noch immer die Alte, beneidenswert, dieses Hundeglück, blind zu sein für die Unterschiede zwischen Kranken und Gesunden, Armen und Reichen, Schönen und Hässlichen. Kessie schiebt die Mutter am Spalier der Rauchenden vorbei, und Dolores blickt sie an wie ihre Untertanen, streckt die Hand aus, als erwarte sie, dass sie diese zur Huldigung berühren.

Im Foyer werden sie von der Heimleiterin und dem Pflegepersonal begrüßt, ihre Stimmen klingen seltsam hoch, wie Vogelgesang in einem dunklen Wald, selbst Kessies von Natur aus tiefe Stimme passt sich diesem fröhlichen Zwitschern an. Eine der Pflegerinnen begleitet sie auf die Station in das neue Zuhause der Mutter. Ein Namensschild prangt an der Tür – *Gonzales*, wieder falsch geschrieben –, ein Blumenstrauß steht auf dem Tisch, der kleine Beutel mit der Chemikalie, die man ins Wasser gibt, um die Blumen frisch zu halten, hängt an einer Tulpe.

Kessie geht zur Fensterfront und öffnet die Tür. »Schau mal, hier ist die Terrasse, von der ich dir erzählt habe. Da kannst du sitzen«, sagt sie, doch als sie hinaustritt, stolpert Kessie über die Kante – diese Schwelle zur echten Welt, die Dolores mit dem Rollstuhl nie überschreiten wird.

»Wofür ist dieses Dreieck da?«, fragt Dolores und zeigt auf eine Hängekonstruktion über ihr, nachdem ihr die Pflegerin geholfen hat, ins Bett zu steigen.

»Damit Sie sich leichter aufrichten können.«

Dolores lässt den Blick einmal durchs Zimmer gleiten, so als würde ihr erst jetzt bewusst, welche Wende ihr Leben in den letzten Tagen genommen hat.

»Du musst erst einmal ankommen«, sagt Kessie.

Die Pflegerin nickt. »Genau, das braucht ein bisschen Zeit. Alles ist so neu und ungewohnt, oder?« Sie legt einen Zettel auf den Tisch und wendet sich an Kessie. »Das ist der Essensplan für kommende Woche. Wenn Sie den heute noch ausfüllen und ins Schwesternzimmer bringen könnten, wäre das großartig.«

»Essen«, sagt Dolores. »Essen ist gut. Ich habe Hunger.«

»Gleich gibt es erst mal Kuchen, Frau Gonzales.«

»González«, sagt Dolores und lispelt sauber die beiden Zetts, »ich heiße González, aber danke. Kuchen ist sehr gut.«

Die Pflegerin verlässt den Raum, schließt die Tür und plötzlich ist es still. Dolores liegt auf dem Bett und blickt zur Decke. Erst jetzt bemerkt Kessie die Turnschuhe an den Füßen der Mutter, es ist das Paar mit Geleinlage, das sie Anfang des Jahres zusammen gekauft haben. Wie ein müdes Mädchen nach der Gymnastik liegt Dolores da. Sie klopft auf die Matratze und ruft den Hund zu sich. Der steht auf und klettert von seinem Kissen aufs Bett.

»Gib Pfötchen«, sagt sie, ihr Akzent lässt »Pfötchen« wie »Fötzchen« klingen. Kessie räumt grinsend die Tasche aus, packt die Kleidung in die Schränke und stellt den Kulturbeutel ins Bad. Dolores krault Pan an den Ohren, der drückt seinen Kopf in ihre Hand.

»Früher warst du allergisch auf Hunde«, ruft Kessie.

»Ich war nie allergisch, wieso fängst du immer wieder damit an?«

»Weil es wahr ist. Ich habe schon als Kind einen Hund haben wollen.«

»Was gibt es zu essen?«, fragt Dolores.

Kessie schiebt sich einen Stuhl ans Bett und greift nach dem Essensplan.

»Also, hier steht Hacklauchcremesuppe, Wurstgulasch, Wackelpudding oder Brühe mit Eierstich, Bechamelkartoffeln mit Fleischwurst und Dunstpfirsichwürfel.«

Dolores verzieht das Gesicht. »Das gibt es heute?«

»Nein«, sagt Kessie, »morgen. Du hast diese zwei Menüs zur Auswahl.«

»Bitte. So was esse ich nicht.«

»Das ist ein deutsches Heim«, sagt Kessie, »hier gibt es keine Tapas in Olivenöl. Du hast dich hier angemeldet. Willst du lieber in Spanien deinen Ruhestand verbringen?«

»Lies weiter«, sagt Dolores.

»Also gut, dann Dienstag. Milchreis mit Zimt und Zucker oder Pizzasuppe Bergsteiger Art, dazu Quarkspeise.«

»Pizzasuppe? Das esse nicht. Die Deutschen. *No tienen* Esskultur.« Dolores hievt sich hoch. »Ich will nach Hause, ich habe Hunger. Im Kühlschrank sind Pimientos Rojos. Ich habe Käse eingefroren.«

»Käse«, sagt Kessie, »der schmeckt doch nicht, wenn du ihn wieder auftaust.«

»Doch, auf Lasagne.«

»Mama, das geht nicht.«

»Deswegen habe ich dir en el Ganztagsschule keine Essensmarken gekauft, damit du nicht jeden Tag los graue Gerichte de los Alemanes essen musst.«

»Mama, bitte, eines wirst du doch auswählen können.«

»Ich bin schon krank genug. Wenn ich das alles esse, kriege ich Diabetes y Bluthochdruck y todas esas deutsche Krankheiten.«

Pan richtet sich auf und spitzt die Ohren, so wie immer, wenn die Stimmung kippt.

»Schau mal hier«, sagt Kessie und rückt näher an Dolores heran, »Mittwoch gibt es Forelle nach Art der schönen Müllerin.«

»Wer ist die schöne Müllerin?«, fragt Dolores.

»Weiß nicht, gute Frage.«

»Wie schmeckt das, diese Forelle?«

»Das ist *trucha*, weißt du doch.«

»Ich weiß, was Forelle heißt«, sagt Dolores, »aber wie schmeckt *trucha* nach Art der schönen Müllerin? Ist das mit Sahne? Dann esse ich es nicht.«

»Fisch ist wichtig als Omega-3-Quelle«, sagt Kessie. »Du isst doch auch Hering nach Hausfrauenart. In Sahne. Also?«

»Hering in Sahne ist gut. Forelle esse ich, gut. Aber das andere nicht.«

»Und Hacklauchcremesuppe? Es ist einfach Fleisch mit *puerro*, mit Lauch kochst du doch auch.«

»Ich weiß, was Lauch auf Deutsch heißt. Aber da ist bestimmt noch Sahne drin. Niemals schmeckt das. Niemals!«

»Mama, hör auf zu schreien.«

»Ich schreie nicht. Ich sage nur, das schmeckt niemals, das esse ich nicht!«

»Mama, beruhig dich bitte«, sagt Kessie und blickt nervös zur Tür.

»Das schmeckt niemals, das esse ich nicht.« Die Wangen der Mutter haben sich rot verfärbt.

»Mama, sei nicht so dramatisch, du klingst wie der verdammte Suppenkaspar.«

Dolores stützt sich ab und wuchtet die Beine über den Bettrand. Pan wird es zu bunt, er springt auf den Boden und verzieht sich in sein Körbchen.

»Mama, lass das jetzt«, sagt Kessie und will sie am Arm packen, aber die Mutter holt aus und stößt sie mit einer ungeheuren Kraft von sich weg. Kessie taumelt zurück, Dolores trippelt auf ihren Turnschuhen Richtung Ausgang – und fällt.

»Mama!« Kessie läuft zu ihr und reißt die Tür auf. »Hilfe«, schreit sie.

Der Flur ist leer. Sie sprintet bis zum anderen Ende, wo Sonas Zimmer liegt. Die Tür ist angelehnt, Yugi sitzt neben ihrer Großmutter auf dem Bett, Nazim auf einem Stuhl daneben mit einer Schnabeltasse in der Hand, er dreht sich um und sieht Kessies Gesicht, stellt den Becher ab und rennt hinter ihr den Gang runter. Dolores liegt noch immer hilflos auf dem Boden. Fachmännisch tastet Nazim sie ab, fragt, ob ihr etwas wehtue. Endlich kommt eine Pflegerin angelaufen. Gemeinsam helfen sie Dolores auf, tragen sie zurück ins Bett. Kessie steht am Terrassenfenster neben dem Vorhang, die Arme an sich gedrückt, die Hände zu Fäusten geballt und hat Mühe, ihre Tränen zurückzuhalten. Der Essensplan liegt auf dem Boden, die losen Blätter überall im Raum.

»Wir müssen ein Sturzprotokoll machen«, sagt die Pflegerin.

»Ich esse keine Hacklauchsuppe«, sagt Dolores, während Nazim ihr das Kissen hinter den Rücken schiebt.

»Ich hole das Formular«, sagt die Pflegerin.

Nazim sammelt die Blätter vom Boden auf.

»Ich esse keine Pizzasuppe«, sagt Dolores zu ihm.

»Und Falafel?«, fragt er.

»Falafel ist gut«, sagt Dolores, »aber das gibt es hier nicht. Niemals gibt es hier Falafel.«

Nazim legt die losen Blätter auf den Tisch und verlässt den Raum.

Kessie tritt zu Dolores ans Bett. »Geht es dir wirklich gut, hast du dir auch nicht wehgetan?«

»Nein«, sagt sie.

Eine Weile sitzen sie stumm da, Pan aufrecht in seinem Körbchen, er schaut Kessie mit großen Augen an.

Was ist das für ein Aufruhr?, fragt sein Blick. Dann hebt er die Nase und schnuppert. Kessie dreht sich um. Nazim steht im Türrahmen, in den Händen ein Tablett mit einem Teller, auf dem wunderbar arrangiert Falafelbällchen, eingelegter Rotkohl und etwas Petersiliensalat liegen. Nazim nimmt eine Fernbedienung vom Tisch, Kessie hat sich schon gefragt, wofür sie gut ist, und lässt den oberen Teil des Betts so weit hochfahren, dass Dolores bequem sitzen kann, holt Besteck aus der Innentasche seiner Tarnjacke hervor und stellt das Tablett auf Dolores' Schoß. »Können Sie selber oder soll ich?«, fragt er.

Dolores nimmt ihm das Besteck ab und fängt schweigend an zu essen.

»Es gibt sogar Nachtisch. Mögen Sie Nachtisch?«

Dolores nickt und kaut.

»Ich habe draußen jemanden Kuchen verteilen sehen«, sagt Nazim, »gleich ist Kaffeezeit.«

»Kaffee ist gut«, sagt Dolores mit vollem Mund.

»Es gibt hier jeden Tag Kaffee. Und Kuchen dazu.«

»Was für Kuchen?«

»Ich glaube, heute gibt es Donauwelle«, sagt Nazim.

»Lecker«, sagt Dolores, »Kuchen können sie, los Alemanes.«

Die Pflegerin kommt zurück, setzt sich auf die Bettkante.

»Haben Sie sich auch wirklich nicht wehgetan, Frau Gonzales?«

»González«, sagt Dolores lispelnd, kleine Falafelkrümel fliegen wie bengalisches Feuer in Richtung Pflegerinnengesicht, »ich heiße GonZáleZ.«

»Ich schaue mal, wo der Kuchen bleibt«, murmelt Kessie. Nazim folgt ihr. Draußen geht er zum Wasserspender und füllt ein Glas. Sie trinkt es in einem Zug aus, ihre Hände zittern, als sie es wieder absetzt. Nazim legt ihr den Arm um die Schultern, sie lässt es zu, auch als er sie fest an sich drückt.

»Komm her«, flüstert er, und sie lehnt sich mit dem Kopf gegen seinen Oberkörper, sinkt tief, schließt ihre Augen, riecht ihn – Tabak und Kardamom, wie früher –, spürt die feinen Haare, die vom Hals abwärts unter seinem T-Shirt verschwinden. Nazim streicht ihr über den Rücken, klein fühlt sie sich in seinen Armen, warm wird ihr, wie in der Badewanne – im Mutterleib, so muss es damals gewesen sein, denkt sie, so sicher und weich, und da holt Kessie einmal tief Luft und stößt sich von ihm ab, dreht sich rasch weg, um ihm nicht in die Augen schauen zu müssen, nachher merkt er noch, was er anrichten kann, dann umarmt er sie vielleicht nie wieder, sondern rennt weg, so wie er vor 28 Jahren weggerannt ist. 1994, auf der Demo in Solingen – überall Polizei, dahinter Wasserwerfer, jemand drückt Kessie einen brennenden Molly in die Hand, ruft: »Wirf, Wirf!« Sie schmeißt ihn auf die Polizisten und dann packt Nazim sie an der Hand und sie rennen und rennen, raus aus der Innenstadt in ein Wohngebiet hinein, und dort in dem Versteck, hinter der Feuertreppe einer Hochhaussiedlung, zieht er sie an sich und küsst sie zum ersten Mal. Kessie hört nicht die Martinshörner, riecht nicht den strengen Ammoniakgeruch, fühlt nicht den kalten Stein im Rücken – sie hört nur ihn, wie er ihren Namen flüstert, sie riecht nur ihn, spürt die Bartstoppeln, die ihre Mädchenhaut aufrauen. Wieder Stein, als er sich von ihr trennt – der alte Friedhof hinter dem Jugendzentrum: Nazim auf einem Grabstein, Kessie auf seinem Schoß, die Bäume über ihr kahl. *Du findest bestimmt sofort jemand anderen.*

»Tut mir leid«, sagt sie, aber Nazim schüttelt nur den Kopf, er reicht ihr ein Taschentuch und füllt das Glas am Wasserspender neu auf.

»Du gewöhnst dich dran«, sagt er, während Kessie sich die Nase putzt, »und deine Mutter wird das auch tun. Meine Mutter wollte den Fraß hier auch nie essen. Vor der PEG haben wir fast immer für sie gekocht. Ich bringe ihr immer noch jeden Tag etwas mit, falls sie doch Appetit bekommt.«

»Das kann ich nicht«, sagt Kessie, »spätestens Ende des Monats muss ich zurück nach Berlin.«

»Sie wird sich an das Essen gewöhnen. Und du auch, an alles hier. Am Anfang ist es schwer, aber es wird besser. Versprochen.«

Kessie nimmt Nazim das Wasserglas aus der Hand und trinkt es wieder in einem Zug aus. »Ich brauche was Stärkeres als das hier.«

»Du meinst Alkohol?«

»Ja. So was in die Richtung.«

»Ich habe eine bessere Idee«, sagt Nazim und holt einen Joint aus dem Inneren seiner Tarnjacke, er sieht dabei aus wie der Typ im Trenchcoat aus der Sesamstraße, wenn er eine Sieben hervorzieht.

Kessie grinst. »Meine Güte. Das habe ich seit fast 30 Jahren nicht mehr gemacht. Wirklich gut ging es mir danach nie.«

Nazim schiebt sie in Richtung Foyer. »Du hast ja auch immer Bong geraucht.«

»Hier oder was? Das riechen doch alle.«

»Wenn wir uns hinter die Kantine setzen, geht der Geruch in den Dünsten von Maggi und Fondor komplett unter.«

»Maggi und Fondor. Klingt wie aus einem Comic.«

»Ja, es sind zwei Comicfiguren«, sagt Nazim und hält ihr die Tür zum Garten auf, »sie sind Brüder und sie lieben deutsches Essen. Ihre Mutter kocht mit Butter. Sie liebt Tütensuppen und Jägersoße, deswegen hat sie ihre Söhne nach den Hauptzutaten ihrer Leibgerichte benannt.«

»Lass uns das nachher zeichnen.«

»Ja«, ruft Nazim, »zusammen mit unseren Müttern im Malkurs. Das wird eine richtige Sause.«

Kessie lacht laut, und sie fragt sich, warum es gar nicht seltsam ist zwischen ihnen, nach allem, was passiert ist, er benimmt sich, als hätte er immer gewusst, dass sie hier auftauchen würde, als wäre er perfekt vorbereitet – dieser fertig gedrehte Joint, den er auf der Bank hinter der Kantine wieder hervorholt, wie er näher an sie heranrückt, während sie sich hinter ihrer Jeansjacke mit dem fast leeren Feuerzeug abmüht. Funken schlagen, endlich leuchtet eine kleine blaue, kaum sichtbare Flamme auf, und da scheint auch Kessie aufzuleuchten – jugendliche Zuversicht durchflutet sie mit einem Mal, die alle Fehler und Dramen ermöglicht, weil man weiß, dass sie nicht zählen, weil das ganze Leben noch vor einem liegt –, und kurz glaubt Kessie an das Gesetz der Gelegenheit, daran, dass die lineare Zeit nicht existiert, und dass Nazim und sie vor 30 Jahren vielleicht wie zwei grüne *Hass*-Avocados waren, einfach noch nicht *ready to eat*.

Grit hockt im Beet auf einem Kniekissen und lässt die Jätefaust durch die Erde gleiten. Das Gartengerät mit dem schönen Namen erinnert sie an einen Bumerang. In der Mitte befindet sich ein Griff aus Kunststoff, an den Enden jeweils ein Edelstahlbügel mit abgerundeten Ecken. Es knistert leise, wenn das bejätete Unkraut seinen Widerstand aufgeben muss und die Wurzel im Bügel hängen bleibt – das Geräusch elektrisiert, es verschafft Grit eine Form von Befriedigung, die sie von ihrer bisherigen Arbeit am Schreibtisch nicht kannte.

Reihen von Mangold, Koriander und Roter Bete stehen vor ihr. Es müssen mehrjährige Sorten sein oder welche, die sich selbst ausgesät haben. Fritz ist wie Indiana Jones auf allen vieren durchs Beet gerobbt, hat sich von Nutzpflanze zu Nutzpflanze gearbeitet und vorsichtig das Unkraut drum herum entfernt, so als wären sie Heiligtümer, Statuen aus einer älteren, grüneren Welt. Die Rote Bete fasziniert Grit besonders – dieses Gemüse, so gesund, dass es schon fast etwas Aggressives an sich hat. Man kann den Ansatz der Knolle schon erkennen, sie drängen aus dem Boden wie blutrote Soldatinnen einer Amazonengarde. Grit isst Rote Bete, wenn sie welche in den Tonnen findet. Roh. Geraffelt im Salat – aber nicht oft. Der rote Urin am Morgen macht ihr Angst, obwohl es jener sekundäre Pflanzenstoff ist, der die Rote Bete so gesund macht, kann sie sich den Reflex nicht abtrainieren, beim Anblick vom violett gefärbtem Urin an eine schlimme Krankheit oder zumindest irgendeine körperliche Invasion zu denken.

Das Gartentor quietscht, Fritz schiebt eine Schubkarre vor sich her, die bis oben mit Sperrmüllholz befüllt ist.

»Wo hast du die denn her?«

»Ausgeliehen«, sagt Fritz, »von der Baustelle am Hellweg.«

»Die haben dir einfach eine Schubkarre geliehen?«

Fritz fährt an ihr vorbei hinter die Hütte, wo bereits das Gerippe des Kompostklos steht. »Die Männer waren beschäftigt. Ich wollte nicht stören. Ich bringe sie gleich zurück.«

Er lädt das Holz ab und Grit betrachtet voller Bewunderung die halb fertige Konstruktion. Das Klo sieht aus wie eine Art Holzthron.

»Nächste Woche können wir hier schon Geschäfte machen«, sagt Fritz.

Er holt ein Taschentuch hervor, tupft sich damit vorsichtig den Schweiß von der Stirn. »Hast du Hunger?«, fragt er.

»Ja, ich habe Brot und vegetarische Frikadellen. Aus dem Müll.«

»Dazu Rucola und Radieschen aus dem Garten«, sagt Fritz, »unsere erste Ernte.«

Er läuft an ihr vorbei in die Hütte. Die leere Schubkarre steht neben Grit. Die Kartoffeln brauchen Erde, und der Schwammkürbis auch. Grit lockert die unterste Schicht des Komposthaufens und schaufelt frische Erde in die Schubkarre. Ein leichtes Nussaroma steigt ihr in die Nase, gepaart mit dem Geruch nasser Laken, die in der Sonne hängen – so muss es am ersten Schöpfungstag gerochen haben.

Sie schiebt die Karre zu den Beeten und häufelt die Kartoffeln an. Den Rucola hat sie erst vor zwei Wochen ausgesät und schon wuchert er. Wie zäh dieses Kreuzkraut ist, wie selbstbewusst es seine Senföle abgibt – Grit muss niesen, als sie es erntet. Neidisch ist sie auf diese Pflanze, auf alle Pflanzen hier im Garten, die keinen Zweifel hegen an der eigenen Identität, die alternativlos einfach Rucola oder Radieschen oder Ringelblume sind und daraus das Beste machen. Es riecht nach frischem Grasschnitt, vorhin hat sie den Rasen gemäht, die Hälfte kommt auf den Kompost, den Rest trägt sie zu den Gemüsebeeten als Mulch, und während sie den nackten Boden mit frischem Gras bedeckt, stellt sie sich Herrn Trott vor, wie er hinter ihr auf dem Rasen liegt und seinen Kopf genüsslich im Gras reibt. Wie gern sie diesen Garten mit ihm geteilt hätte. Ach, Herr Trott. Du Kraftkreatur. Du immer gut gelauntes Wesen. Grit sucht ihre Kleidung nach einem seiner Borstenhaare ab – irgendwo findet sich immer eines, auch ein Jahr später – und hält es sich wie eine romantische Locke an die Lippen.

Das Gartentor quietscht wieder, Anno steht da, mit seiner roten Basecap auf dem Kopf und einem Korb im Arm, aus dem eine Sektflasche ragt.

»Wow«, ruft er, »ihr habt ja schon richtig viel geschafft. Sieht toll aus.«

»Oder?«, sagt Grit. »Schau mal hier, die Rote Bete. Ich nenne sie die *Amazonengarde von Plantasia.*« Sie tippt auf die Flasche. »Sekt? Habe ich irgendeinen Geburtstag verpasst?«

»Genau genommen ja«, sagt Anno. »Dirk hat mir eben ein Foto geschickt. Hast du das nicht bekommen?«

»Weiß nicht, hab den Familienchat stumm geschaltet. Dirk geht mir auf die Nerven mit seinen Gartentipps. Als hätte der Ahnung von so was.«

»Du bist wieder Tante geworden.«

»Das ist doch einen Monat zu früh«, sagt Grit.

»Hier«, sagt Anno und hält ihr sein iPhone hin. Auf dem Bildschirm ist Alice zu sehen. Völlig fertig liegt sie in einem Kreißsaal, auf dem Kopf eine Haube, wie sie Schichtarbeiterinnen in der Fleischindustrie tragen, in den Armen ein Baby – krebsrot und mit einer dünnen weißen Schicht überzogen, die an Schmelzkäse erinnert.

Alice: Willkommen, Alfhild Salbjörg. Du erfüllst unser Leben mit Licht und Liebe. Thank you, universe!

Grit scrollt weiter. Ein winziges Baby liegt in einem Brutkasten, neben sich einen Teddy, fast doppelt so groß. Es hat die Hände zu Fäusten geballt, bereit, mit dem Leben zu kämpfen. Das nächste Bild zeigt Dirk, der seinen monstergroßen Finger in den Brutkasten hält und die Kleine anfasst.

Dirk: Als sie da so im Plexiglaskasten lag, überall Kabel und Schläuche, hatten wir das Gefühl, sie braucht jetzt den stärksten Namen, den wir finden können. Die Namen kommen aus dem Nordischen – Alfhild bedeutet »die kämpfende Elfe« und Salbjörg setzt sich zusammen aus den Wörtern »schützend« und »Saal«. Ich finde, auch zusammen mit ihrem Nachnamen klingt

das sehr schön und wie eine starke
Wikingerin oder ein cooles Burgfräulein:
Alfhild Salbjörg Langweg.

Grit flüstert den Namen wie eine fremde Vokabel vor sich hin. Die vielen Konsonanten drängeln sich auf ihrer Zunge. Alfhild Salbjörg, Alfhild Salbjörg. »Was ist das für ein beknackter Name?«

»Na, halt anders«, sagt Anno. »Immer noch besser als Lena oder Laura.«

»Nein, nicht besser«, sagt Grit, »das war garantiert seine Idee. Mein Gott, wie kann man nur so ein bescheuertes Exemplar von Mann sein.«

Fritz tritt aus der Hütte, in der Hand ein Geschirrtuch. »Essen ist fertig«, sagt er und nickt Anno zu. »Möchtest du auch was?«

»Nein danke«, sagt Anno, »willst du ein Glas Sekt? Alice hat ihr Kind entbunden.«

»Alice. Oh«, sagt er und hält kurz inne, »nein danke. Ich meine, keinen Sekt.«

Anno geht mit dem Korb voran zur Hütte.

»Wir rufen gleich da an und gratulieren.«

Grit steht auf und klopft sich die Erde von der Hose.

»Jetzt lass uns erst mal in Ruhe essen. Alice ist eh völlig fertig von der Geburt und muss sich erholen. Verständlich. Das war bei den Zwillingen auch so.«

»Sie muss ja nicht rangehen, wenn es ihr nicht passt, aber dann sieht sie, dass wir an sie denken und uns gemeldet haben«, sagt Anno.

»Ja, ja. Später«, sagt Grit und lächelt Fritz entschuldigend an.

»Du scheinst dich gar nicht zu freuen«, sagt Anno. »Ich meine, ein Kind wurde geboren!«

»Gott«, sagt Grit, »das klingt wie der Refrain aus einem Weihnachtslied. Ist dir mal aufgefallen, wie fertig Alice auf dem Bild aussieht?«

»So ist das eben, wenn du eine Familie gründest.«

»Ach so. Der Mann hat Zeit, altnordische Namensbücher zu lesen, und die Frau verausgabt sich komplett. Das nennt sich dann *Familiengründung,* ja?«

Schweigend steht Fritz neben dem Tisch, die Fingerspitzen auf der karierten Tischdecke, betrachtet er Grit und Anno wie kranke Blumen. Grit setzt sich und säbelt dicke Scheiben von einem riesigen Laib Brot.

»Sie wollte gar kein drittes Kind. *Ist halt passiert,* was immer das auch heißen mag.«

»Das ist jetzt ein bisschen verkürzt dargestellt, oder?«, sagt Anno. »Ich glaube nicht, dass wir uns da ein Urteil erlauben können. Kinder aufwachsen zu sehen ist eine zutiefst menschliche Erfahrung, die einen grundlegend verändert.« Er stellt Fritz ein Glas Sekt hin. »Oder?«

»Menschliche Erfahrung«, ruft Grit, »alles, was ich erlebe, ist eine menschliche Erfahrung. Nur weil mir eine Erfahrung sehr viel Kraft raubt und einen hohen Preis verlangt, wird sie doch nicht bedeutender. Dann ist Knast das auch?«

»Diese Vergleiche«, sagt Anno und verdreht die Augen, »so was von übertrieben.«

»Das ist nicht übertrieben. Alice ist total gefangen in ihrer Rolle. Sie war nicht immer so. Sie wollte eine eigene Zahnarztpraxis eröffnen. Mit ganzheitlichem Ansatz. Das war der Grund, warum sie nach Maastricht ist. Um dort diesen Aufbaustudiengang zu machen.«

»Ganzheitlicher Ansatz«, sagt Anno, »seit wann stehst du denn auf so einen Anthro-Blödsinn?«

»Darum geht's doch nicht«, sagt Grit. »Sie hatte Pläne und Ideen! Was ist mit denen, sagt mir das mal! Vater, Mutter, Kind. *Nuclear Family*, so heißt das auf Englisch. Klingt doch schon wie ein Super-GAU, genau deswegen schreckt es mich so ab.«

Anno lacht. »Beruhig dich mal wieder.«

»Ernsthaft, was weißt du schon vom Kinderkriegen?«

Fritz kaut betreten auf dem Rucola herum.

»Ach, aber du kennst dich da aus?«

Wut, Hitze und Panik steigen in Grit hoch, sie springt auf, ihr Stuhl kippt nach hinten, wie ein Tier, das seinem Käfig entkommen will, wirft sie sich gegen das Gartentor und rennt auf den Schotterweg. Ein seltsamer Laut dringt aus ihr heraus, als sie zwischen den Parzellen im Grün verschwindet, gleich wird sie Feuer spucken, denkt sie.

»Grit«, ruft Anno, seine Stimme dringt durch die dichten Hecken, sie beschleunigt ihre Schritte, biegt ab in einen schmalen, dunklen Weg. Dort geht sie in die Hocke, schreit leise in die Faust hinein. Wie viele Freundinnen sie auf diese Weise verloren hat. Alice – so hat sie sie verloren. Wie viele dieser frischen Mütter klagte sie ständig über die hohe Belastung, aber wenn Grit helfen wollte, wurde sie das Gefühl nicht los, dass Alice mit ihren Sorgen eigentlich unter ihresgleichen bleiben wollte. Die Distanz zwischen ihnen wurde immer größer, so als wären Alice und all die anderen Mütter mit der Geburt ihrer Kinder in ein anderes Land gezogen, aus dem sie nicht mehr ausreisen konnten, ein Land, auf das sie alle von klein auf konditioniert worden sind – dieses Mutterland. Sie muss doch nur hundert Meter weiter zum Spielplatz laufen, da sitzen sie hinter Gittern im Kreis um den Sandkasten. Frau neben Frau, zusammen einsam, leere, gerötete Augen, die existenzielle Müdigkeit und permanente Sorge hat sich tief in ihre Gesichter eingeschrieben, wie bei Obdachlosen, wie bei Charlys Nachbarin, die ihre Wohnung verloren hat wegen Eigenbedarf und seitdem im Bruce-Lee-Park schläft, dabei geht doch mehr Obdach als Familie gar nicht, und trotzdem: Dieser Ring aus Liebe, die Wärme des Heims, züngelt an den Frauen, brennt als Panik in ihren Augen. Grit steht auf, schaut durch dichtes Grün auf den Schotterweg. Anno kann sie nirgends sehen. Langsam zieht sich die Hitze zurück.

Die Wohnung sieht chaotisch aus. Den ganzen Tag schon hat Kessie herumgeräumt, kleine Haufen gebildet – Bücher, Schuhe, Papierkram, Schmuck, Kosmetikutensilien – und die Einzelteile dann symmetrisch gelegt und fotografiert, damit Dolores auswählen kann, was sie behalten möchte und was nicht. Langsam scheint die Mutter sich damit abzufinden, dass sie nicht mehr nach Hause zurückkehren wird, sie entdeckt die Vorzüge eines Pflegeheims, in dem sie nicht mehr waschen und putzen muss. Wenn das mit dem Essen nur nicht wäre. Kessie schaut auf die Uhr, auch sie sollte etwas essen, also deckt sie den Tisch auf dem Balkon, gießt sich ein Glas Rotwein ein, dann macht sie sich einen Salat und drapiert Entenmuscheln darauf. Sie hat sie in dem türkischen Fischladen gekauft, in den sie als Kind jeden Freitag mit Dolores gegangen ist. Sie liebt das Essen ihrer Kindheit. Tortilla de Patata, Gazpacho oder die kleinen wie in Stoff verpackten Krustentiere auf dem Salat: *Percebes* auf Spanisch – klingt wie Perspektive, Persönlichkeit. *Und, was gab es bei dir zu Mittag?* Auch heute noch können Dolores und Kessie mit der Frage Konflikte entschärfen. Wenn Kessie früher zu Besuch kam und sie mitten in der Fußgängerzone anfingen zu streiten, mussten sie nur an *Nordsee* vorbeigehen und schon waren sie sich wieder einig: Diese Deutschen, schau sie dir an, wie sie sich auf Bierbänken zusammendrängeln und Fischnuggets mit Mayonnaise aus Pappschachteln essen. *Los Mayonesos* – so hat ihr Vater die Deutschen genannt. Beim Essen saß er immer neben ihr, pulte Krabben für sie, löste die Nervenstränge aus der Hammelkeule, reichte ihr die Delikatesse, suchte in der Paella nach den durchgebackenen Knoblauchzehen, schob sie ihr in den Mund. Ihr Vater, dieser Lebemann, der immer die besten Witze riss. Sicher lag das auch am Rotwein, von dem er auch Kessie und Álvaro immer einen Spritzer ins Wasserglas goss. Jeden Wunsch erfüllte er ihr, schraubte Spielzeug und Möbel zusammen – nur den ersehnten Hund bekam sie nicht. Es hätte nicht mal ein großer sein müssen, nur einer, der nachts bei ihr im Bett schlief, einer, der bellend dazwischenging, wenn der Vater die Mutter nach dem Abendessen an die Wand warf und sie mit dem Brotmesser in der Hand anschrie.

Kessie holt die Serviette aus dem Ring, legt sie sich auf den Schoß. Sie macht nur einen winzigen Spritzer Zitrone an die Entenmuscheln, kaut und saugt sie nacheinander aus, aber so richtig schmecken wollen sie ihr nicht. Anders als in ihrer Kindheit tun ihr inzwischen nicht mehr die galizischen Fischer leid, die unter Einsatz ihres Lebens an den zerklüfteten Felsen die Meeresfrüchte pflücken, sondern die Tiere selbst. Früher waren sie mittelfingerlang und daumendick. Jahr für Jahr werden sie kleiner und blasser. Kessie weiß, es ist falsch, sie zu essen, aber sie schafft den Absprung nicht, und einmal im Jahr spannt sie in Berlin auch noch eine Pata Negra in den Schinkenhalter, an der sich vor allem Charly verstohlen bedient.

Kessie schreckt hoch, als sich die schrille Klingel meldet. Sie läuft zur Tür und reißt sie auf, da kommt Yugi die Treppe hochgelaufen, springt in Kessies Arme, schlingt ihre dünnen Beine um ihre Hüfte und hält ihr einen PEZ-Spender ins Gesicht. »Mund auf«, sagt sie und klickt Kessie zwei saure Pastillen in den Mund.

»Pan?«, ruft das Mädchen und windet sich aus Kessies Arm. Auf allen vieren läuft sie durch die Wohnung, schnüffelt und jault wie ein Hund. »Wo bist du?«

Nazim kommt langsam die Treppen hoch.

»Hattest du nicht 13 Uhr gesagt?«, fragt Kessie.

»Es ist 13 Uhr«, sagt Nazim.

»Echt? Komm rein, ich esse noch.«

»Wenn du willst, kann ich schon mal die Kisten ins Auto tragen.«

»Das wäre gut«, sagt Kessie, »es fehlt noch ein Karton. Da kommen die Vorhänge rein. Sie liegen auf dem Sofa.«

»Und der Karton?«

»Ist noch im Keller. Ich gehe gleich runter.«

Nazim legt ihr die Hand auf die Schulter. Kessie zuckt zurück.

»Iss in Ruhe. Ich erledige das.«

»Danke. Die Kellertür ist offen.«

Yugi hat sich neben Pan aufs Sofa gelegt und streichelt ihn.

»Hast du Hunger?«, fragt Kessie, aber das Mädchen schüttelt den Kopf und schaut nicht mal hoch, so sehr ist es mit Pans Schlappohren beschäftigt.

Kessie setzt sich zurück an den Balkontisch und holt ihre Zigaretten aus der Tasche. Sie hat keinen Hunger mehr, es ist wie früher, wenn sie in seiner Nähe war – da konnte sie auch immer nichts essen. Schritt für Schritt, Berührung um Berührung pirscht er sich an sie heran. Im Heim kann sie selbst bestimmen, wie nah sie ihn an sich heranlässt, kann ihm dort aus dem Weg gehen, aber hier in dieser Wohnung, ohne die Mütter, die Rolle, die sie beide im Heim auszufüllen haben, fühlt sie sich ausgeliefert. Sie hört Yugi nebenan mit Pan sprechen, ihre hohe und trotzdem sanfte Stimme, und kurz stellt sie sich vor, dass es ihr Mädchen wäre und sie gerade gemeinsam zu Mittag gegessen hätten, dass der angegessene Teller nicht ihrer, sondern der der Tochter wäre und sie sich wie ihre Mutter nach der Zigarette erbarmen und die Reste aufessen würde. Nazim ist wieder oben angelangt, die sperrigen Kartons schleifen am Türrahmen, sie hört ihn im Flur rumoren, dann betritt er den Balkon.

»Die Kinderküche im Keller«, fragt er, »ist die von dir?«

Kessie bläst Rauch aus. »Ja.«

»Die hast du aber nicht beim *Puppenkönig* gekauft.«

»Nein, die hat mein Vater gebaut.«

»Und mit so etwas hast du gespielt?«

»Als kleines Mädchen, klar. Was denkst du denn?«

»Weißt du denn nicht mehr, wie wir dich früher beim Boxen genannt haben?« Nazim ballt die Fäuste, wirft sich in Pose. »El toro!« Er boxt ihr sanft gegen die Schulter.

»Ey«, sagt sie, »schon vergessen, dass ich dir mal die Nase gebrochen habe?«

Nazim lässt die Fäuste sinken. »Nein. Wie könnte ich diese Begegnung je vergessen?«

Kessie spürt, wie sie rot wird. Er setzt sich neben sie und zeigt auf den Teller mit den Entenmuscheln. »Du gönnst dir, was?«

Sie grinst. »In schlechten Zeiten immer.«

Er greift nach dem halb leeren Glas Wein auf dem Tisch.

 »Wie geht es Sona?«, fragt Kessie.

»Nicht gut, sie hat einfach keinen Appetit mehr. Die Ärztin sagt, wir sollen ihr jeden Tag etwas Schmackhaftes anbieten, auch wenn sie jetzt die Sonde hat. Dieses viele Wasser, zwei Liter am Tag, das wir ihr vorher einflößen mussten. Das bekommt sie jetzt einfach in den Beutel. Das ist eine Erleichterung. Aber ich frage mich, wie lange das noch alles gut geht. Sie wird trotzdem immer dünner.«

Kessie schiebt ihm die Zigaretten hin.

»Alt werden und sterben lernt man nicht in der Schule«, sagt er.

»Stimmt«, sagt Kessie. »*Tod* als Fach wäre gut.«

Nazim lacht leise. »Oder *Sterben*. Da lernt man, sich selbst und andere gehen zu lassen. Was der Tod überhaupt ist. Was im Körper passiert, wenn man stirbt. Und wie andere Kulturen damit umgehen. Damit kannst du doch Jahre füllen.«

»Auf jeden Fall«, sagt Kessie und wippt nervös unterm Tisch mit dem Fuß. Noch immer hält er das Weinglas in der Hand und dreht es, sie bildet sich ein, dass er nach den Abdrücken ihrer Lippen sucht und seine exakt an dieselbe Stelle setzt, dann trinkt er einen Schluck, winzig sieht das Glas aus in seiner Klingonenhand. Es gibt so viele Fragen, die sie ihm gern stellen würde. Was ist mit deiner Frau? Seid ihr getrennt? Wieso ist das Mädchen immer bei dir? Hat sie dich verlassen, deine schöne Aaina? Und hast du dich dabei so schäbig gefühlt wie ich damals, auf dem Friedhof hinter dem Jugendzentrum?

Nazim blickt Kessie an, bläst Rauch aus. »Ich bringe die Kisten ins Auto«, sagt er. »Wo ist Yugi?«

»Bei Pan.«

Yugi hat sich neben dem Hund eingerollt, versucht

seine Fuchspose zu imitieren, soweit es ihr als Zweibeinerin möglich ist.

»Los, mein Liebling«, sagt Nazim.

»Wuff«, macht Yugi.

»Komm, sei ein braves Mädchen und steh auf.«

»Wuff«, macht Yugi wieder. »Ich bin kein Mädchen, ich bin ein Hund.«

»Wenn, dann bist du eine Hündin«, sagt Kessie.

Yugi hechelt begeistert. »Ich bin eine Hündin!«, ruft sie.

»Hör auf. So was sagt man nicht«, ruft Nazim. Kessie steht hinter ihm und hört, wie sein Ton schärfer wird.

Seine Tochter knurrt. »Hündin Yugi ist bissig.«

»Komm, Liebes, hör auf jetzt.«

Sie springt von der Couch, jagt auf allen vieren an Kessie und Nazim vorbei durch die Wohnung, Pan guckt hoch und folgt dem Schauspiel gespannt, aber da erwischt Nazim sie am Hosenbund und Yugi schreit und beißt ihm in die Schulter. »Yeganeh, aus jetzt!« Er hebt sie hoch, ihre Beine strampeln frei in der Luft.

»Ich bin eine Hündin, daran kannst auch du nichts ändern«, schreit sie, und da schlingt Nazim die Arme fester um sie und dreht sich entschuldigend zu Kessie um. »Frauen.«

DOGVILLE

Grit:	Bin wieder Tante geworden ...
Charly:	boah schick doch jetzt nicht solche fotos rum das triggert mich voll.
Grit:	hast du einen zweiten Test gemacht?
Charly:	nee trau mich nicht nachher ist es wahr

Kessie:	Hatte schon öfter positive Testergebnisse, die dann doch keine waren. V. Chr., als ich noch Sex hatte.
Charly:	hat der boxer dich noch nicht auf ein freies bett geworfen und es dir ordentlich besorgt
Kessie:	Charly, bitte.
Charly:	ich meine seid ihr euch näher gekommen
Kessie:	Nein. Er fährt mir gleich eine Fuhre Kisten ins Heim. Näher kommt er mir nicht.
Grit:	Galant.
Charly:	was ist mit seiner frau etc. pipapo
Kessie:	Weiß ich nicht.
Charly:	und dolores? hat sie angefangen los ekelhafte gerichte zu essen
Kessie:	Nein, sie isst nur, was Nazim kocht. Der bringt das Essen für seine Mutter mit. Die aber nicht mehr wirklich isst. Das muss langsam mal aufhören.
Grit:	Na ja....immer noch besser als wegwerfen!
Charly:	@grit bist du im garten
Grit:	Ja...grad hier angekommen.
Charly:	und ist fritz da
Grit:	Nein.
Charly:	ok dann komm ich jetzt bin mit bubba auf der wiese im gleisipark

Grit steht oben auf dem Podest des Kompostklos und füllt Holzspäne in das Eimerloch. Gemeinsam mit Fritz hat sie gestern Abend noch bis in die Dunkelheit am Thron geschraubt, dann kam Anno und meinte, es sei jetzt mal gut mit der Arbeit im Garten, und ob Grit die Nacht nicht bei ihm verbringen wolle. Fast schon angeekelt hat er auf den fertigen Thron geschaut und nachgefragt, ob ein Rückbau möglich sei, falls der Verein sich beschweren sollte, dabei hat Grit den Vorstand in die Planung vorab einbezogen, das weiß Anno auch – und dann musste er sogar auf die Toilette, hat dann aber bis zu Hause eingehalten, angeblich weil noch kein Toilettenpapier vorhanden war. Grit weiß nicht, ob er einfach nicht der Erste sein wollte oder sich dem Kompostklo generell verweigert. Sie jedenfalls ist froh, endlich ein Klo im Garten zu haben.

»Grit!«, hört sie Charly rufen.

Sie läuft zum Gartentor, winkt. Charly kommt den Schotterweg hochgetrottet mit ihren Stelzenbeinen und Bubba an der Leine. »Ist Fritz wirklich nicht da?«, fragt sie leise.

Bubba bellt zur Begrüßung und drückt sein Hinterteil an Grits Schenkel.

»Nein, der kommt später. Was machst du hier?«

»Was wohl.«

Charly holt einen Schwangerschaftstest aus ihrem Rucksack und hält ihn hoch.

»Komm rein.«

»Ihr kommt echt voran, kann das sein?«, sagt Charly und betritt den Rasen.

»Ja, wir haben uns den Arsch abgearbeitet. Schau mal.« Grit hält Charly ihre Hände hin, die mit Schwielen übersät sind.

»Respekt, Schwester, richtig Handarbeit.« Sie grinst. »Von der Schriftstellerin zur Gärtnerin. Aufstieg oder Abstieg?«

»Manchmal denke ich: Aufstieg«, sagt Grit. »Morgens schreibe ich tatsächlich, aber nur, weil ich weiß, dass ich danach gärtnern kann. Gießen, in der Erde wühlen, den Kompost pflegen. Da fühle ich mich so nützlich. Jetzt muss ich nur noch an Geld kommen.«

»Was kostet der Garten denn?«, fragt Charly.

Grit zuckt mit den Schultern. »Das weiß ich selbst noch nicht so genau. Anno trifft am Wochenende seine Eltern. Und fragt dann.«

»Der hat geglaubt, du packst das nicht, oder?«

»Kann sein«, sagt Grit. »Ich werde meine Eltern anhauen müssen, dass die mir was von meinem Erbe vorab auszahlen oder mir ein Darlehen geben. Ich wollte sie nie nach Geld fragen, aber geht nicht anders.«

Charly steht auf dem Rasen und schaut in den Himmel.

»Bald sind doch die Proben für die Serie, oder?«, fragt Grit.

»Nächste Woche. Deswegen brauche ich jetzt Gewissheit. Ich weiß eh, der Test ist positiv, habe mich schon halbwegs damit abgefunden.«

»Du bist nicht schwanger«, sagt Grit. »Du bist zu alt dafür. Sorry, dass ich das so sage.«

»Nein! Fände ich ja gut, wenn das so wäre. Ist dieses Kompostklo fertig?«

»Ja«, sagt Grit, »ist voll das Luxusding geworden. Ich habe grad Holzspäne eingefüllt, als letzten Akt sozusagen. Die kommen ins Klo, und wenn man reinmacht, streut man noch eine Handvoll drüber.«

»Verdammt!« Charly schlägt sich auf den Arm.

»Was ist denn jetzt schon wieder?«

Charly antwortet nicht, sondern hält ihr stumm eine

tote Mücke ins Gesicht, dreimal so groß wie gemeine Stechmücken, schwarz-weiß gestreift. Grit weicht zurück.

»Eine Tigermücke«, sagt Charly, »die übertragen dieses Zika-Virus. Davon kriegst du Babys mit quadratischen Köpfen.«

»Charly.«

»Ist so. Die Köpfe haben Würfelform. Ernsthaft.« Sie untersucht die Stelle, auf der die Mücke gesessen hat, und saugt daran. »Wo ist Bubba?«

»Der liegt im Bett.«

»Und wo ist dieses Kompostklo?«, fragt Charly.

Grit lenkt sie hinter die Hütte. Charly und ein Baby, das ist wie Pommes mit Senf, auch wenn sie gut mit Kindern kann – jedenfalls besser als sie selbst –, fällt es Grit schwer, sie sich als Mutter vorzustellen. Dafür müsste Charly sich in einen anderen Menschen verwandeln, aber tun Frauen nicht genau das, wenn sie Mütter werden? Charly nicht, eher würde sie sich in einen dreizehnjährigen Jungen verwandeln, mit ihren Fußballerwaden und dem Boyfriendlook, der bei ihr nicht nur eine Modeerscheinung ist. *You look like a thirteen year old boy.* Im Sommer vor der Pandemie nahm Grit Charly mit auf das Literaturfestival in Salerno, dort sagte der Übersetzer das zu ihr. Dieser Luca begleitete sie zu Lesungen und einer Preisverleihung, danach mietete er ein Boot und fuhr mit ihnen raus aufs Meer. Charly stand an der Reling, sie streckte die Arme aus und ahmte den Schrei der Möwen nach. Etwas Verträumtes lag in Lucas Stimme, als er diesen Satz sagte, so als wäre Charly ein Heiligtum, ein Andenken aus einem untergegangenen Paradies, in dem Männer noch Knaben lieben durften. Am

 nächsten Tag, als Grit Pressetermine im Verlag hatte, fuhr

er Charly mit seiner Vespa hoch nach Ravello, zeigte ihr die Gärten der Villa Rufolo, die Wagner zu Klingsors Garten im Parsifal inspiriert hatte, schlug sich in einen Zitronenhain, brachte ihr ein T-Shirt voller Früchte mit und erklärte ihr, was das Stendhal-Syndrom ist – ein Zustand des Wahnsinns, in den du verfällst, wenn du von so viel Schönheit umgeben bist wie an der Amalfiküste.

»Da hoch?«, fragt Charly und zeigt auf die Holzstufen, die zum Toilettenthron führen.

»Ja, das ist stabil. Fritz hat ganze Arbeit geleistet. Ich weiß gar nicht, wie ich mich je dafür revanchieren kann.«

»Der macht das gern«, sagt Charly. »Außerdem haben wir ja alle was von diesem Garten.«

»Ja, aber nur, wenn ich ihn kaufen kann.«

Grit schließt die Tür hinter sich und Charly.

»Wow«, sagt Charly, »bisschen wie eine Mischung aus Sauna und Öko-Kirche.«

Charly zeigt auf das Loch in der Bank, auf dem eine Klobrille befestigt ist. »Ist die auch aus dem Müll?«

»Nein«, sagt Grit und setzt sich neben das Loch, »das einzig Neue hier. Willst du es ausprobieren? Du bist die Erste, die es benutzt. Darfst unseren Klothron taufen.«

Charly kippt den Inhalt ihres Rucksacks auf Grits Schoß aus – ein Tennisball, drei Minisnickers und der Schwangerschaftstest kommen zum Vorschein. »Hier«, murmelt sie, wickelt den Test aus, hält Grit die Plastikverpackung hin, wie ein Kind der Mutter das Bonbonpapier, dann zieht sie sich die Boxershorts runter und hält den Teststreifen in das Loch unter sich.

»Du bist die Erste, die in dieses Klo macht«, sagt Grit

wieder, aber Charly schaut sie nur stumm an, dann pinkelt sie endlich los. Sie zieht den Streifen hervor, starrt darauf wie auf ein Drishti, bis sie die Augen schließt und das Gesicht verzieht. »Von wem?«, jammert sie, »von wem?« Sie hält Grit den Streifen hin, als stünde darauf ein Menetekel geschrieben. Die Botschaft ist klar, wenn auch noch blass. Grit hat selbst schon oft genug auf irgendeinem Klo gehockt und gehofft, dass die verhängnisvolle zweite Linie nicht auftaucht. Einmal ist es passiert, da war sie schon mit Anno zusammen. Ganz selbstverständlich trieb sie ab, erzählte Anno nicht einmal davon.

Charly neben ihr ist in sich zusammengesunken, rechnet wieder und wieder, zählt die Wochen an den Fingern ab wie ein Grundschulkind. »Von wem, vom wem?«, flüstert sie.

Grit nimmt sich ein Minisnickers. »Eigentlich magst du doch Babys«, sagt sie, aber Charly hört gar nicht hin, sondern starrt weiter auf den Test. Die beiden Streifen werden immer kräftiger in ihren Farben.

»Ich habe mein Leben so was von verkackt«, zischt sie. »Nichts habe ich angepackt.« Sie lacht bitter. »Verkacken und nichts anpacken, reimt sich. Das einzig Poetische in meinem Leben ist meine Verliererexistenz.«

»Hör auf«, sagt Grit, »du bist einfach nur durcheinander. Das sind die Hormone.«

»Ich wollte immer ein eigenes Theaterkollektiv gründen! Ich wollte ein Musical schreiben, über meine Zähne, über Zähne und Schönheit. TEASE, so sollte es heißen, aber ich war immer zu faul, ich habe mir nie für irgendwas den Arsch aufgerissen!«

 Sie hält Grit den Test unter die Nase.

»Schwanger werden«, sagt sie, »das kann jede Frau, das ist keine Errungenschaft! Ich bin so dumm, ich dachte ich bin eh toll, alles wird mir zufliegen, so wie mit *Schwarzer Schmetterling*.«

»Du bist toll.«

»Oh bitte, verschone mich mit diesem Empowermentgelaber, ich bin dumm. Einfach dumm!«

Draußen bellt Bubba, Charly springt auf. »Da kommt jemand.«

»Da kommt niemand«, sagt Grit, »beruhige dich.«

Charly stößt die Klotür auf. »Ich muss jetzt nach Hause. Nachdenken. Falls ich das noch kann, habe es offenbar lange Zeit nicht gemacht. Kein Wort zu niemandem. Wenn Fritz das mitkriegt, schmeißt der mich raus.«

»Blödsinn.«

»Doch, klar. Wenn ich ein Kind bekomme, schmeißt er mich raus. Der ist Antinatalist. Und dann finde ich hier keine neue Wohnung mehr und muss nach Heidelberg ziehen oder nach Dessau.« Sie fasst sich an den Bauch. »Ich hab Hunger. Hast du was zu essen?«

»Ich dachte, du willst heim.«

»Ja. Danach.«

Grit betritt die Hütte, Charly und Bubba folgen ihr auf den Fersen. Im Kühlschrank steht Sushi, sie hat gestern zwanzig Päckchen gerettet und zu den Dealern in die Hasenheide gefahren – zwei sind noch übrig. Grit hebt die Deckel an, schnuppert. »Das hier ist vegetarisch, das andere mit Fisch. Weiß nicht, ob der noch gut ist.«

Charly reißt ihr die Packung mit dem Fisch aus der Hand. »Gott, Sushi. Ich danke dem Sushigott hierfür«, sagt sie und hält die Plastikverpackung in Richtung Himmel, bevor sie sie aufreißt und sich zwei Lachsmaki auf einmal reindrückt.

»In der Schwangerschaft soll man keinen rohen Fisch essen. Also nur zur Info, falls du es behalten willst. Iss von mir aus, was du willst.«

»Wieso das denn nicht?«, fragt Charly mit vollem Mund.

Grit zuckt mit den Schultern. »Das weiß ich von Alice. Musst du mal googeln.«

Charly kaut und schluckt. »So ein Blödsinn. Was ist mit japanischen Frauen in der Schwangerschaft? Oder indigenen Kulturen?«

»Gute Frage.«

Charly nimmt sich noch ein Maki. »Ich will kein Kind. Glaube ich.«

»Eigentlich liebst du Kinder.«

»Ja, weil ich mich ihnen irgendwie näher fühle als den Erwachsenen. Aber ich wäre ja dann kein Kind, sondern eine Mutter. Und Mutter sein ist das Gegenteil von Kind sein.« Gedankenverloren schiebt sich Charly ein Maki nach dem anderen rein, kippt die Sojasoße aus dem kleinen Plastikfischchen hinterher, als wäre es ein Wodka-Shot.

Das Gartentor quietscht.

»Das ist Fritz«, sagt Grit.

Charly legt den Finger an die Lippen. »Kein Wort, okay?«

DOGVILLE

Kessie: Schaut bitte. Sowas setzen die Dolores vor.
Nudeln mit brauner Soße. Kein Wunder,
dass sie nicht essen will.

Charly: sorry dass ich vom thema ablenke schau mal bitte hier 2. test

Kessie: O nein. Und jetzt?

Charly: Ich weiß auch nicht, ich habe glaube ich eine existenzkrise oder sowas irgendwie fällt grad mein ganzes leben auf mich drauf ich dachte wer wie ich ist braucht sich den arsch nicht aufzureißen ich meine wie dumm ist das????? jetzt wohne ich bei einem goldschmied mit asperger habe einen bissigen hund und kind im bauch ich kotze

Grit: Charly!!!! hör mal bitte auf ... das ist noch kein kind.

Kessie: Genau das Gleiche wollte ich auch gerade texten. Höchstens Spaghetti Bolognese, ein paar blutige Fasern, fertig. Nichts ist entschieden, und all deine Träume kannst du dir immer noch erfüllen.

Grit: genau, du kannst Fördergelder beantragen für dein Musical....du tust dich mit anderen zusammen und gründest deine Theatergruppe.

Kessie: Was denn für ein Musical?

Charly: meins Tease was über Zähne

Kessie: Aber jetzt wirst du erst mal wieder drehen. Eine Hauptrolle, ist doch irre. Freust du dich gar nicht?

Charly: leute ihr seid naiv das ist doch alles noch gar nicht sicher vor allem nicht wenn ich schwanger bin

Grit: wenn du die Schwangerschaft abbrechen

willst, gehst du zu einer beratungsstelle und fertig. Zehn Minuten Narkose, ein Tag liegen. Das wars.

Charly: war noch nie in narkose

Kessie: Das ist super. Kriegst Propofol. Daran sind Prince und Michael Jackson gestorben, weil die süchtig danach waren. Richtig gutes Zeugs. Ich komme mit, wenn du willst.

Grit: Ich auch

»Was gibt es heute zu essen?« Dolores kommt den Gang entlang, sie hält sich mit beiden Händen am Geländer fest. In ihren Leggings und den Schläppchen sieht sie aus wie eine gealterte Ballerina an der Ballettstange.

»Wo warst du?«, fragt Kessie.

»Beim Stuhlyoga.«

Kessie stützt Dolores auf dem Weg zurück ins Zimmer und schiebt die Umzugskisten, die Nazim abgestellt hat, an den letzten freien Fleck Wand. »Du sollst nicht ohne den Rollstuhl oder Rollator los.«

»Ich kann mich nicht daran gewöhnen«, sagt Dolores und setzt sich an den Tisch. Vor ihr steht das Tablett mit dem Mittagessen.

Kessie hebt die Wärmehaube vom Teller. »Pasta«, sagt sie, »lecker.«

»Das ist keine Pasta«, sagt Dolores, »das sind Nudeln.«

»Ist doch das Gleiche.«

»Nein. Braune Soße, das passt nicht zu Pasta. Diese Soße auf diesen Nudeln. Das ist sehr deutsch. Das esse ich nicht.«

»Dann iss wenigstens den Joghurt.«

Dolores nimmt den Joghurtbecher in die Hand, setzt die Lesebrille auf. »Das ist kein Naturjoghurt.«

»Doch«, sagt Kessie.

»Ja, aber da ist Zucker drin. Hier steht es. Habe ich dir je gezuckerten Joghurt zu essen gegeben? Wo ist Nazim? Wo ist sein Essen?«

»Mama. Nazim ist nicht dein Privatkoch.«

»Doch«, sagt sie. »Er ist mein Privatkoch. Er bringt jeden Tag Essen.«

»Das muss er aber nicht.«

»Seine Mutter isst nicht mehr. Sie ist bald tot.«

»Quatsch, wer sagt denn so was?«

»Die Leute. Auf dem Funkflur.«

»Du meinst Flurfunk.«

»Ja. Habe ich gelernt, das Wort. Wörter können sie, los Alemanes. Jedenfalls ist sie bald tot.«

»Na, wenn sie tot ist, wird er nicht mehr für dich kochen, so viel ist klar. Also, iss jetzt bitte«, sagt sie, aber Dolores presst die Lippen zusammen und schüttelt den Kopf.

»Mama, du ISST jetzt.« Genervt steht Kessie auf und legt ihr Telefon neben die Nudeln. »Ich gehe jetzt mit dem Hund spazieren. Schau dir die neuen Fotos an und sag mir nachher, was du behalten willst, okay? Wo ist der Hund?«

Pans Kissen ist leer. Kessie läuft den Flur entlang in Richtung Kantine, vorbei an den großen Fenstern, sie sieht den Hund im Garten liegen, inmitten eines Rollstuhlkreises, alle viere von sich gestreckt, genießt er die vielen Hände, die ihn sanft streicheln.

Die Tür zu Sonas Zimmer ist angelehnt, Kessie klopft leise.

»Ja?«

Sona im Bett hat das Haar offen. Grauweiß wie Asche klebt es am Kopfkissen, ein Schlauch schlängelt sich unter der Bettdecke hervor bis zu einem Beutel mit brauner Flüssigkeit. Nazim sitzt auf einem Stuhl am Fußende, sein massiger Körper beschattet den halben Raum. Er mischt ein Pulver mit Wasser an, auf dem Tisch steht wieder einer dieser wunderbar arrangierten Teller, eine Art frittierter Kegel inmitten einer Salatgarnitur, darübergestreut Granatapfelkerne.

»Hey«, sagt sie, »danke für deine Hilfe vorhin.«

»Aaina, bist du das?«, fragt Sona. Ihre Stimme klingt dünn und kraftlos. »Aaina.«

»Spiel einfach mit«, flüstert er und schiebt Kessie einen Stuhl hin. Leise setzt sie sich neben Sona. Auf dem Nachttisch steht ein Foto der echten Aaina, mit einem Säugling im Arm. Yugi. Nazim legt Sona die Hand in den Nacken, hält ihr den Becher mit der angedickten Flüssigkeit hin, ein Strohhalm steckt darin. »Hier Mama, trink etwas.«

Sie presst die Lippen zusammen, genau wie Dolores, ihr Kopf liegt wie tot auf Nazims Hand, ihr ganzer Körper wirkt zusammengefallen, als wäre ihr Skelett geschrumpft. Ein gelber, fahler Schein geht von ihr aus. Kessie hat mit dem Tod noch nicht viel zu tun gehabt, aber hier, in diesem Zimmer, kann sie ihn spüren.

»Nimm die Kubbe«, sagt Nazim, »das Essen, bevor es kalt wird.«

»Nein«, sagt Kessie, »das geht nicht. Du wirst Dolores nicht ewig bekochen können. So lernt sie es nie.«

Nazim schiebt ihr den Teller hin. »Nur ein letztes Mal.«

Kessie nimmt den Teller. »Na gut. Ich gehe jetzt mit dem Hund spazieren. Komm mit, du musst mal raus hier.«

Nazim nickt. »Gute Idee.«

Als Kessie mit dem frittierten Kegel das Zimmer ihrer Mutter betritt, sitzt die bereits erwartungsvoll im Bett. Der Teller auf dem Tisch ist unberührt.

»Kubbe«, ruft Dolores und klatscht in die Hände. »Gefüllter Reisball. Die können kochen, die Perser. Viel Olivenöl, buenissimo.«

Kessie nimmt die Hundeleine vom Stuhl, tastet ihre Jackentaschen nach Kotbeuteln und dem Tennisball ab. »Hast du dir die Fotos angeschaut?«

Dolores nickt mit vollem Mund.

Pan liegt noch immer im Garten. Sie leint ihn an, entschuldigt sich bei den alten Leuten, der Hund folgt ihr nur widerwillig. Hoffentlich hat ihn niemand gefüttert, denkt sie.

Im Foyer wird gerade der in Plastik eingepackte Jesus abtransportiert. Rollatoren und Rollstühle haben sich versammelt, als wäre das Ganze ein Polizeieinsatz. Nazim sitzt auf der Sofaecke neben dem Aquarium, er reibt sich mit seinen großen Händen das Gesicht, Kessie kennt ihn, diesen Drang, die Gegenwart wie einen Albtraum wegzureiben. Sie setzt sich auf den Sessel neben ihm. »Sona geht es schlecht, oder?«

Guppys schwimmen im Aquarium, sie sausen von einem Ende zum anderen, jagen sich in kleine Höhlen, reiben ihre Schwänze aneinander, wenn sie sich gekriegt haben.

»Klar geht es ihr schlecht«, sagt Nazim, »sie ist dement. Im Endstadium versagen die Schluckreflexe. Wir dachten, die Magensonde gibt ihr noch ein wenig Zeit, auch mehr Lebensqualität, aber mein Eindruck ist, dass sie das Ding nicht verträgt. Sicher kann ich das nicht sagen, wir können ja nicht mehr wirklich miteinander kommunizieren. Wir hätten das nicht machen sollen.«

»Was gab es denn für Alternativen?«

»Sie sterben zu lassen. Aber sich aktiv für den Tod entscheiden, mach das mal. Das haben Amira und ich nicht hinbekommen. Es gab ja keine Patientenverfügung.« Er hebt den Zeigefinger. »Kümmere dich drum. Am besten sofort. Eine Patientenverfügung. Das mache ich jetzt auch. Ich habe mir schon alle Unterlagen runtergeladen. So was lernen wir auch nicht in der Schule. Man müsste uns beibringen, was wir machen müssen, um wenigstens halbwegs selbstbestimmt zu sterben.«

»Und Aaina?«, fragt Kessie. »Was ist mit ihr?«

»Wir haben uns getrennt. Ist noch nicht lange her. Sona weiß nichts davon.«

»Und Yugi wohnt bei dir?«

»Nein, wir teilen uns das Sorgerecht. Aaina ist zurzeit in Dubai, bei ihrer Familie. Ende des Sommers wird Yugi eingeschult, dann machen wir das Nestmodell.«

Kessie nickt.

»Und bei dir?«, fragte er.

»Bei mir was?«

»Na, Familie? Kinder? Boyfriend? Ehemann? Wenn wir schon beim Thema sind.«

»Nichts«, sagt Kessie, »ich lebe allein. Da sind nur Pan und ich.«

»Wie lange bleibst du noch in Ihrscheid?«, fragt Nazim.

»Nicht mehr lange, ich muss zurück nach Berlin. Ich kann nicht ewig online unterrichten. Aber solange Dolores nicht isst, geht das nicht. Ich verstehe sie. Dieses Essen hier ist grausig. Es ist doch nicht so schwer, gesund zu kochen.«

»Man muss ja nicht mal richtig kochen«, sagt er. »Es würde ja schon reichen, wenn sie sich mal einen Salat machen könnten. Oder gutes Brot mit Sardinen und Olivenöl. Das ist alles einfach zuzubereiten. Dolores hat schon recht. Die Deutschen haben keine Esskultur.« Langsam streckt Nazim die Hand aus, lässt seine Finger über Pans seidige Schlappohren gleiten. »Eigentlich mag ich keine Hunde. Aber den hier ja. Er sieht so lieb aus. Yugi ist komplett vernarrt in ihn.«

»Ich sage immer, er hat im Himmel eine Wette verloren und der Einsatz war ein Hundeleben auf Erden.«

»Da hat er ja Glück gehabt«, sagt Nazim und lächelt, »dass er zu dir gekommen ist.«

3

OVULATION

Wir lieben,
lecken Oberschenkel & wunde Knie ab
recken uns: zack
wieder ein Zungenkuss auf Menschenmund
– abgehakt.

Aus SCHMUTZIG BLEIBEN: VERSE FÜR HÜNDINNEN
von Grit Feigenhauer

Charly steht am unteren Ende der Friedrichstraße und schirmt mit der Hand die gleißende Sonne ab. Ausgerechnet hier ist die Praxis von Kessies Gynäkologin – *ausgerechnet* – nicht, weil der Checkpoint heißt wie sie und weil diese Schwangerschaft eine Art Checkpoint ist, sondern weil sie den Rummel nicht erträgt. Hier wird sie daran erinnert, dass die Stadt groß ist, so viel mehr als ihr kleiner Kosmos, die vier Straßen um den Friedhof herum, ihre Insel, die sie täglich mit den Freundinnen und den Hunden abläuft. Die Autos, die Geschäfte, die als Sowjetsoldaten verkleideten Männer, wie sie am ehemaligen Grenzübergang posieren und sich neben Sandsäcken mit Touristenpärchen im Arm fotografieren lassen. Wie lange sie das wohl schon machen? Geschätzt viel länger als die Soldaten, die während des Kalten Krieges die Grenze kontrollierten. Kurz rechnet Charly nach und behält recht. Das kann sie wieder – kopfrechnen, hat sie viel gemacht die letzten Tage, aber sie hat noch immer nicht herausfinden können, wer der Erzeuger dieses Teils in ihr drin sein könnte.

Charly rechnet. Wann ist sie das letzte Mal in einer Frauenarztpraxis gewesen? Fünf Jahre muss das her sein, da hat sie sich den Nuvaring noch leisten können. Sie weiß, die Vorsorgeuntersuchungen, aber sie kann sich nicht überwinden – dieses Daliegen und jemand schaut dir mit Neonlicht auf die Vu. Klar ist ihr Geschlecht eine Rampensau, aber bitte nicht auf einem Gynäkologenstuhl. Charly tastet sich nach der Zyklusblutung die Brüste unter der Dusche ab, passt auf, dass sie sich bei den Cheeseburgern nichts einfängt – Chlamydien oder Trichomonaden, diese kleinen Parasiten mit haarigen Gebilden am Kopf –, und wenn sie es mal wieder mit dem Zucker übertreibt, holt sie sich was gegen den Scheidenpilz aus der Apotheke – das mit den Joghurttampons, die Grit ihr empfohlen hat, hilft nämlich null.

Sie setzt sich vor das alte *taz*-Gebäude auf eine Bierbank, wühlt in ihrer Tasche und findet darin ein letztes Minisnickers vom Casting. Hinter ihr ragt das berühmte Peniskunstwerk in die Höhe, der Schwanz von irgendeinem *Bild*-Chefredakteur arbeitet sich von Stockwerk zu Stockwerk. Schon irre, dass da Kaulquappen rausschießen, sich in eine Art Eierschale bohren und zack – Reproduktion. Charly schiebt die Erdnüsse in die Backentasche. Nach oben, nach oben schwimmen die Dinger. Deswegen kribbelt es im Hals, wenn sie mal aus Versehen ein paar Kaulquappen schluckt – die wissen, dass sie nicht in den Magen gehören. Charly versucht, den *Bild*-Penis in seiner ganzen Länge in den Ausschnitt ihres Telefons zu kriegen. Diese Penisse, wann fing das alles an? Warum ist ausgerechnet sie so fasziniert und begeistert von allem, was sich unterhalb der Gürtellinie abspielt? Besonders frei erzogen hat man sie nicht, sie hat jedenfalls keine Wände mit dem Menstruationsblut der Mutter bemalen dürfen wie so ein kleines RAF-Kind. Es war die Zeit, in der alle um sie herum begannen, Instrumente zu spielen. Ihre Freundinnen lernten Klavier oder Querflöte, Charly lernte, auf sich selbst zu spielen. Nach dem Sportunterricht blieb sie im Duschraum zurück – übte und übte. Zuerst kam sie selbst, erst später kamen Penisse in ihr Leben. Sebi, siebte Klasse, ein lieber Punk, der sie nicht drängte. Nach der Schule ging sie mit zu ihm. Sebis Mutter kochte zünftig – Schupfnudeln, Tafelspitz – Charly schlug sich den Bauch voll, bevor sie sich in Sebis Zimmer verzogen. Zwischen *Star-Wars*-Kampfläufern und *Exploited*-Postern saß Charly auf seinem Schoß und ließ sich den Busen streicheln, dann legten sie sich in sein Bett, die Rollläden verdunkelten das Zimmer, sie machten mit Zunge an sich herum, gingen einander unters Shirt, und ohne groß nachzudenken, öffnete Charly den Reißverschluss von Sebis Jeans. Etwas Nasses, Weiches kam ihr entgegen. Wie eine liebe Schnecke im Garten, die nicht ahnt, wie sehr man sich vor ihr ekelt. Charly machte Licht, zog sich an und ging. Am nächsten Tag riss sie eine Seite aus ihrem Matheheft, schrieb Sebi mit Bleistift ein paar schäbige Zeilen. Sie weiß nicht mehr, was, sie weiß nur – nachdem sie ihm den Zettel im Vorbeigehen in die Hand gedrückt hatte, entzündete sich in ihr eine Art reuige Abenteuerlust, die bis heute nicht erloschen ist. Beim nächsten Jungen packte sie beherzt zu, der sog scharf Luft durch die Zähne ein, vor Schmerz und Lust zugleich, und Charly kam auf den Geschmack. Sie verstand: Sex ist wie Schnecken essen ohne Knoblauch – Schleimhäute kauen, schlucken und nie richtig satt werden.

Tristan läuft auf der gegenüberliegenden Straßenseite in ihre Richtung. Charly erkennt ihn erst auf den zweiten Blick. Er trägt ein Wickelkleid mit Blumen und hat sich seine Korkenzieherlocken zu einem Männerdutt hochgebunden. Ausgerechnet heute. Charly winkt und wartet an der Ampel. Tristan hat solche Phasen. An unbekannten Orten, im Urlaub, im Ausland, trägt Tristan Kleider, geht in Schwulenbars, nimmt Männer mit in sein Hotel – zu Hause legt er die neuen Gewohnheiten nur langsam wieder ab, sie verschwinden mehr und mehr, wie Sommerbräune. Sie selbst hat es immer als Betrug an queeren Menschen verstanden, mit einer angeblichen Homosexualität zu kokettieren, sie sich phasenweise anzueignen. Hat Charly nie gemacht. Auch als Jugendliche nicht, sie galt unter ihren Freundinnen als spießig, weil sie es kategorisch ausschloss, lesbische Erfahrungen zu sammeln, während ihre Freundinnen stolz davon berichteten, sie aufklären wollten, dass miteinander schlafen kein Privileg zwischen Mann und Frau sei. Doch am Ende waren es immer genau diese Freundinnen, die wenige Jahre später im bürgerlichen Hafen anlegten, und Charly verstand erst im Nachhinein, dass es da einen Zusammenhang gab, weil weder die zukünftigen Mütter noch die dazugehörigen zukünftigen Väter dafür Verständnis hätten, wenn diese Phase in der Ehe aufträte.

»Wieso siehst du so aus?«, fragt sie, nachdem sie Tristan kurz umarmt hat.

»Wieso, was denn?«, fragt er.

Charly zupft an seinem Kleid. »Das hier. Oder ist das dein Standard-Outfit, wenn du Schwangere zur Gynäkologin begleitest?«

»Jetzt sag mir erst mal richtig Hallo«, sagt Tristan und umarmt Charly noch einmal. Sie küsst ihn auf den Mund, nimmt seine Hand, die Daumen sind schwarz lackiert.

»Du musst das Kleid ausziehen«, sagt sie.

»Warum denn? Wir sind hier in Berlin und nicht in Heidelberg.«

»Wir gehen zum Frauenarzt. Ich will, dass du aussiehst wie ein Testosteronmonster. Männlich halt. Wir sind das glückliche Hetero-Paar und schwanger.« Sie schiebt ihn in einen Hauseingang. »Los«, sagt sie und knöpft ihre Shorts auf, »Klamotten tauschen, schnell.«

Widerwillig zieht Tristan sich aus und schlüpft in die Boxershorts, die Charly ihm hinhält, dann hilft er ihr in das Kleid, es reicht ihr bis zu den Füßen.

»Mein Gott, ich sehe aus.« Sie betrachtet sich in der Glasspiegelung der Tür.

»Wie eine Frau«, sagt Tristan.

Seltsam fühlt sie sich, verkleidet – aber für Eitelkeiten ist jetzt keine Zeit. Mit Tristan an der Hand läuft Charly bis zur Praxis.

»Und du bist ganz sicher, dass es nicht von mir ist?«, fragt Tristan, als sie nebeneinander im Aufzug stehen.

»Es kann nicht von dir sein. Du warst in Italien, wie oft willst du das denn noch hören?«

»Schade«, sagt Tristan und schaut zu Boden. »Ich wäre voll am Start gewesen.«

Zwei blonde Locken haben sich aus dem Dutt gelöst und hängen ihm ins Gesicht.

»Auch, wenn es nicht meins ist«, sagt er.

Charly antwortet nicht. Dieses Ding da in ihr drin ist so surreal wie ein Gemälde von Dalí, so stellt sie es sich vor, irgendwie verlaufen, schmelzende Uhren in einem Uterus. »Ich weiß ja nicht einmal, ob ich es haben will«, sagt Charly.

Die Aufzugtür öffnet sich.

»Ja, aber schon ein krasses Wunder, dass du schwanger geworden bist. Die Wahrscheinlichkeit, auf natürlichem

Weg schwanger zu werden, liegt bei einer Frau in deinem Alter unter sieben Prozent. Und du hast auch noch verhütet. Also eher 0,7 Prozent.«

Charly drückt die Tür zur Praxis auf. Eine junge Frau in einem hellblauen Oberteil nimmt ihre Gesundheitskarte entgegen und weist sie an, im Wartezimmer Platz zu nehmen. Charly schwitzt, sie hebt den Rock an, bevor sie sich hinsetzt.

»Ist das Polyester?«, fragt sie.

Tristan zuckt mit den Schultern.

»Ach, bei Frauenkleidern ist Qualität plötzlich egal? Bist doch sonst so biobaumwollsüchtig.«

An der Wand hängen Babybilder. Wie zeitlos hässliche Fotocollagen in einem Jugendzimmer pappen sie aneinander, bedecken die gesamte Fläche der Raufasertapete. Ekel und Respekt durchströmen Charly beim Anblick dieser vielen Babyaugen, auf Decken liegend, manche hinter Gittern, angewinkelte Ellbogen, die feuchten Hände von frisch Geschlüpften zu Fäusten geballt. Eine hochschwangere Frau sitzt unter den Fotos, sie hält sich den dicken Bauch, daneben zwei junge Mädchen, die Bilder an den Wänden scheinen sie völlig kaltzulassen, in ihren Händen halten sie Infobroschüren zur Impfung gegen Gebärmutterhalskrebs, sie flüstern leise miteinander.

»Ich könnte auf das Baby aufpassen«, sagt Tristan.

»Psst jetzt«, zischt Charly.

»Wieso? Ich meine das ernst«, flüstert Tristan, »wenn du dir das nicht zutraust, Arbeit und Kinder, dann bin ich da für dich. Wenn du die Rolle kriegst.«

Charly holt ihr Telefon raus. So ein Blödsinn. Tristan hat keine Ahnung, was es bedeutet, ein Kind großzuziehen, er hat doch gar keine Zeit zwischen all den Urlauben und Affären und Partys, er kann kein guter Vater sein, und das ist okay so. Ist bei ihr ja nicht anders, aber wenigstens ist Charly nicht so naiv zu glauben, es draufzuhaben. Vielleicht hat man automatisch so ein Selbstbewusstsein, wenn man Geld hat. Tristans Vater gehört eine große Bioladenkette, seine Mutter ist Ernährungsmedizinerin mit eigener Fernsehsendung und einem erfolgreichen Podcast, vermutlich denkt Tristan deshalb, alles schaffen zu können. Mit dem Wahnsinn ist es wie mit allem anderen – auch Grandiosität muss man sich leisten können. Und wenn man scheitert, macht nichts – kauft man sich halt ein Kindermädchen.

»Das ist lieb von dir«, sagt sie und tätschelt ihm den Oberschenkel.

»Wie würdest du es nennen?«

»Das ist das Letzte, worüber ich gerade nachdenke«, sagt Charly.

»Wenn ein Kind nach zwei Wochen noch keinen Namen bekommen hat, kriegt es den, der im Bezirk im letzten Jahr am häufigsten vergeben wurde, wusstest du das?«

»Nein.«

»Bei dir also Mohammed«, sagt Tristan.

Charly steckt das Telefon weg. »Was ist an Mohammed so witzig?«

»Na, alles«, sagt Tristan. »Komm, das wäre schon lustig.«

»In Spanien heißen ganz viele Männer Jesús. Kessies Onkel zum Beispiel.«

»Jesús. Ernsthaft?«

»Ja, ernsthaft.«

»Hat er auch lange Haare und Birkenstocks?«

Tristan lacht, sein Mund geht so weit auf, dass Charly ihm bis aufs Zäpfchen schauen kann, die Mädchen schauen mit hochgezogenen Augenbrauen rüber.

»Schsch jetzt«, zischt Charly, »lieber heiße ich Jesús als wie der Held einer Nazioper.«

»Mein Gott«, sagt Tristan, »jetzt sei doch nicht so empfindlich.«

»Ihr heißt alle so.«

»Wie, so?«

»Na, wie kleine Nazidruiden. Tristan, Hilde, Tassilo, Baldur, Hagen? So nenne ich mein Kind bestimmt nicht, wie so kleine Merlins aus dem Dritten Reich. Dann tausendmal lieber Mohammed.«

»Sag mal, was hast du denn plötzlich? Drehen bei dir die Hormone durch? Ich kann auch gehen.«

»Geh doch.«

»Soll ich wirklich gehen?« Tristan beugt sich vor, es klingt fast wie eine Drohung.

»Ja«, flüstert Charly.

»Ernsthaft?«, fragt Tristan, und Charly nickt nur, und da steht er auf und geht einfach, und sie sitzt da allein in diesem Wickelkleid, aber ist jetzt auch schon egal. Sie muss keinen Partner vorzeigen, ist doch albern. War eh eine blöde Idee, Tristan mitzunehmen – mit dem kann man sich auf die FKK-Liegewiese in der Hasenheide legen und Grüne Weiße trinken, und dafür liebt sie ihn. Mit Vincent konnte sie sich nicht einmal *Brokeback Mountain* im Kino ansehen, weil er Angst hatte, für schwul gehalten zu werden.

DOGVILLE

Charly: @grit bist du im garten? sitze in einem kleid beim gyn ohne tristan

Kessie: Kleid? Klingt alarmierend. Alles in Ordnung?

Charly: gab beef mit tristan der ist gegangen

Grit: Hey. @charly Soll ich kommen?

Charly: o bitte bitte bitte

Grit: Kein Ding. Bubba bringe ich aber mit...den lasse ich nicht allein im Garten

Charly: ja den können wir hier im hof anleinen da ist schattig

Grit: Ok...ich mache mich auf den Weg

Charly: tausend dank

Kessie: Na also. Brauchst doch keinen von deinen Zwergen, die dir Händchen halten.

Charly: ich wollte denen einen »erzeuger« präsentieren um alle optionen zu haben ohne verurteilt zu werden ich mein wer weiß ob die mir überhaupt das ultraschallbild mitgeben wenn ich sage dass ich nicht weiß von wem das kind ist

Kessie: Musst du nicht sagen. Geht die nichts an.

Charly: ich will dieses bild haben für mein tagebuch oder so halt als erinnerung egal wie ich mich entscheide
wie gehts dir und dolores erzähl

Kessie: Keine Veränderung in Sachen Nahrungsaufnahme. Habe eine Idee. Erzähle ich dir später. Bin gerade dabei sie umzusetzen.

»Vorsichtig!«, ruft Kessie.

Nazim hockt im hintersten Teil des fast leeren Kellers. Ein kaputtes Bügelbrett lehnt an der Wand, davor Umzugskisten voller Bücher von Álvaro. Eine wilde Mischung – Survivalhandbücher und Hegels Gesammelte Werke, alles ungelesen, daneben zwei Kisten mit alten Haushaltsgeräten: Crêpeseisen, Poffertjesmaschine, Churrera, Sandwichmaker und ein riesiger Entsafter stapeln sich darin. Mindestens einmal im Jahr kaufte Dolores Haushaltsgeräte zur Herstellung der Modesnacks, die ihr Bruder sich wünschte, bis er sie irgendwann satthatte und das nächste folgte. Jetzt stauben sie neben seinen Büchern vor sich hin. Beides wollte er vor vielen Jahren abholen, tat es aber nie und es verschafft Kessie Genugtuung, dass jetzt alles von der Nachbarschaftshilfe entsorgt wird. Bis dahin muss Dolores nur noch von regelmäßigen Mahlzeiten überzeugt werden.

Nazim bückt sich und hebt eine kleine Kinderküche an, die unterm Kellerfenster steht. Die Farben glänzen, als wäre das Holz erst gestern lackiert worden.

»Vorsicht, dass die Schubladen nicht aufgehen«, ruft Kessie, »da sind Sachen drin.«

»Keine Sorge«, sagt Nazim und trägt die Küche nach draußen.

Yugi klatscht. »Ist die schön! Darf ich die haben?«

»Nein«, ruft Nazim, »es ist nicht immer alles für dich.«

Kessie muss grinsen. Den Hundeblick hat Yugi schnell gelernt. Schnaufend stellt Nazim die Küche ab.

»Wirklich ein Schmuckstück«, sagt er.

Zu dritt stehen sie um die kleine bunte Küche herum. Kessie löst das Kreppband vorsichtig vom Holz, es klebt kaum noch, sie öffnet die unteren Schränke, stellt Dosen und Puppengeschirr auf den Fußboden, wischt den Staub von den Armaturen. Yugi hockt sich neben sie, nimmt eine der Dosen in die Hand.

»*Cola Cao?*«, liest Yugi überdeutlich.

»Wow«, sagt Kessie, »du kannst schon lesen?«

»Bisschen. Was ist das?«, fragt Yugi. »Colapulver?«

»Spanisches Nesquick«, sagt Kessie.

»Und das hier? *Bimbo Superpan*, was heißt das?«

»Das ist Toast. Also, *pan de molde*. Ist eben eine spanische Küche«, sagt Kessie.

Yugi fasst in die Tüte. »Und diese dünnen Holzscheiben, die sind das Brot?« Sie beißt vorsichtig in eines der braunen Vierecke.

»Ja, genau. Kann ja kein echtes Brot drin sein«, sagt Kessie. Dunkel zeichnet sich Yugis Speichel kreisrund auf der Holzscheibe ab, hier und da haben sich Zähne in das Holz gebohrt, aber anders als erwartet ist Kessie nicht verärgert oder angeekelt davon – so wie Pans Speichel erscheint ihr der des Mädchens irgendwie familiär. Yugi lächelt, als könnte sie Kessies Gedanken lesen, und lässt die Holzscheibe zurück in den Karton gleiten.

»Das Ding gehört in ein Museum«, sagt Nazim. »Die willst du jetzt wirklich umbauen? Ist doch viel zu schade.«

»Wir müssen die gar nicht umbauen«, sagt Kessie. »Hinten ist ein Stecker und hier«, sie hebt eine dünne Holzplatte an, »da war mal eine richtige Herdplatte drin.«

»Wow, das erscheint mir aber mutig für ein Kind.«

»Welches Kind bekommt die Küche?«, fragt Yugi.

Kessie legt ihr den Arm um die Schultern. »Kein anderes Kind. Die Küche ist für meine Mutter.«

Nazim schüttelt den Kopf. »So richtig verstehe ich nicht, was der Plan ist. Dolores wird die Küche nicht benutzen können.«

»Soll sie ja auch gar nicht, es geht ums Gefühl. Sie glaubt ja, noch selber kochen zu können.«

»Ja«, sagt Nazim, »aber deine Mutter ist doch nicht dement. Sie wird nicht glauben, dass sie darauf kochen kann.«

Kessie steht auf und klopft sich den Staub von der Hose. »Du warst derjenige, der gesagt hat, dass gesunde Ernährung nicht aufwendig sein muss. Und du hast recht! Hier unten sind Schüsseln drin, ich stelle ihr Essig und Öl hin, dann kann sie sich einen Salat machen. Die Küche ist nur Kulisse. Dass sie ein Gefühl von Souveränität bekommt.«

»Was heißt Kulisse?«, fragt Yugi. »Und was heißt Souveränität?«

Nazim schiebt sie beiseite. »Du kannst sie aber doch nicht mit einem Messer hantieren lassen.«

Kessie überlegt. »Es gibt doch diese Zerkleinerer. Wenn man große Mengen schneiden muss. Ich habe so einen in Berlin.«

»Tante Amira hat auch so was«, sagt Yugi, »man drückt einfach obendrauf und schon ist die Zwiebel klein. Da kann man auch Gurke und Paprika reinmachen, oder?«

»Na klar«, sagt Kessie, »so einen besorge ich.«

»Ich frage Tante Amira, ob du den haben darfst. Die benutzt den nie. Ich schwöre.«

»Und ich schwöre, dass meine Mutter gar nicht versuchen wird, die Küche zu benutzen. Sie soll nur glauben, dass sie es könnte.«

»Sie soll das nur spielen?«, fragt Yugi.

 »Ein bisschen, ja. Wenn Dolores die Möglichkeit hat,

sich selbst etwas zuzubereiten, dann wird sie anfangen, das Gekochte zu essen. Die Küche ist wie eine Kulisse. So nennt man die Möbel auf der Bühne im Theater. Dass man sich vorstellen kann, wo man ist, auch wenn man eigentlich weiß, dass es nur ein Spiel ist.«

»Gestern hat deine Mutter schon gegessen«, sagt Yugi. »Ich hab's genau gesehen.«

»Und wo willst du die Küche hinstellen?«, fragt Nazim. »Das Personal wird das mit der Elektrik nicht erlauben.«

»Mit denen habe ich schon gesprochen. Die Küche darf ins Zimmer, die Herdplatte fehlt ja, da wird kein Strom angeschlossen.«

Nazim hebt die Küche kopfschüttelnd an, Kessie nimmt ihren Rucksack und folgt ihm nach draußen. Die lila Ente steht vor der Tür, Nazim hüllt das Möbelstück in eine alte Decke und legt es in den Kofferraum.

»Doch zu groß«, brummt er und spannt einen Sicherheitsgurt um den offenen Kofferraum. »Ich fahre vor«, sagt er, »ihr seid zu Fuß bestimmt schneller als ich. Wir sehen uns gleich.«

Im Schritttempo und mit Warnblinker setzt die Ente sich in Bewegung, und gemeinsam marschieren sie los. Yugi schiebt ihre kleine Hand in Kessies – zart und ein bisschen klebrig fühlt sie sich an.

»Mit drei Menschen ist es viel einfacher«, sagt Yugi, nachdem sie eine Weile geschwiegen hat. »Wenn ich nur mit Papa unterwegs bin, muss ich immer auch dahin, wo er ist. Wenn ich auf Klo muss oder so was. In der Pizzeria. Dann geht Papa mit mir. Aufs Männerklo. Da stinkt es viel mehr als auf dem Frauenklo, und die Männer pinkeln im Stehen, wusstest du das?«

»Ja.«

»Eklig, oder?«

»Auf jeden Fall.«

»Mit Mama ist es genauso«, fährt Yugi fort, »wenn sie zum Zahnarzt geht, muss ich auch mit. Ich hasse es beim Zahnarzt, selbst wenn ich nur zuschaue.« Sie drückt Kessies Hand. »Zu dritt ist es viel einfacher. Jetzt kann ich einfach mit dir zu Fuß gehen und Papa fährt allein. Ich kann Pan an der Leine halten. Heute nicht, aber sonst. Das finde ich gut.«

»Weil du dann souverän bist. Du kannst entscheiden, mit wem du gehst. Du hast mehr Macht.«

»Warum hast du eigentlich keine Kinder?«, fragt Yugi.

»Weiß nicht«, sagt Kessie, »hat sich nicht ergeben.«

»Ich dachte, alle Frauen kriegen Kinder.«

»Nein. Manche wollen keine Kinder.«

»Weil sie die nicht mögen?«

»Doch. Mit Kindern ist es wie mit Hunden. Du kannst dich entscheiden, ob du willst oder nicht.«

»Und du wolltest nicht.«

Kessie überlegt. »Meine Souveränität war mir am Ende wichtiger.«

Yugi drückt Kessies Hand.

»Jetzt verstehe ich. Du willst selbst entscheiden. Ob du in der Pizzeria allein aufs Klo gehst. Oder zum Zahnarzt.«

»Genau. So wie jetzt. Ich will jetzt mit dir an der Hand durch die Straßen gehen. Ohne Pan.«

Yugi schaut hoch zu Kessie. »Ich kann mich gar nicht mehr richtig daran erinnern, wie es mal war. Zusammen mit Mama und Papa zu leben. Zu dritt. Ich weiß, wir waren eine Familie. Aber das Gefühl ist weg.«

»Das geht mir genauso«, sagt Kessie. »Meine Eltern haben sich getrennt, als ich so alt war wie du. Bisschen älter.«

»Ich bin froh, dass sie nicht mehr streiten«, sagt Yugi, »davon habe ich Bauchweh bekommen.«

»Ich damals auch. Die Streitereien sind das Schlimmste. Wenn sie laut werden und gemein.«

»Ja«, ruft Yugi, »genau, ich habe dann immer gedacht, sie mögen mich nicht mehr. Papa sagt, er liebt mich sehr. Ich hoffe, das stimmt. Magst du mich auch?«

»Na klar«, sagt Kessie.

»Und ich dich«, sagt Yugi, »ich habe dich richtig lieb.«

»Ich dich auch«, sagt Kessie und drückt dem Mädchen einen Kuss auf das warme Haar.

Vor dem Heim steht Nazim. Die rauchenden Wächterinnen recken ihre kurzen Hälse, mit offenen Mündern blicken sie auf die Kinderküche neben ihm.

»Wo bleibt ihr denn?«, sagt er, dann hebt er schnaufend die Küche an, ohne die Antwort abzuwarten.

Dolores' Zimmer ist leer.

»Sie ist noch beim Malkurs«, sagt eine Pflegerin, die gerade Essen serviert.

Kessie schiebt Pans Hundebett zur Seite. »Hier kann sie hin. Vorsichtig.«

»Ja, ja.« Schweißperlen stehen Nazim auf der Stirn. »Ganz schön schwer das Ding.«

»Ist ja auch keine Plastikware«, sagt Kessie und sortiert die Dosen und Kartons aus der Stofftasche an ihren Platz.

»Kerstin. Bist du da?«

Im Flur hangelt sich Dolores wieder am Geländer entlang, unter ihrem Arm klemmt eine Banane.

»Guten Tag, Frau González«, sagt Nazim.

»Schau, was ich dir mitgebracht habe«, sagt Kessie und gibt die Tür frei. Dolores schaut ins Zimmer, sie streckt langsam die Hand aus. »El Rollator, bitte.«

Nazim schiebt ihr den Rollator zu. Sie schlurft in Richtung Fenster, bleibt vor der Küche stehen, als wäre sie ein Exponat im Museum. Kessie hält den Atem an. Dolores nimmt eine Dose nach der anderen in die Hand. *Cola Cao*, eine leere Flasche Olivenöl, den *Bimbo-Superpan*-Karton – sie hält ihn hoch, schüttelt ihn, greift hinein, der enttäuschte Blick, als sie sieht, dass in der Packung nur Holzscheiben sind. Sie wirft mit einer ungelenken Bewegung die Banane aufs Bett. »Was gibt es heute zu essen?«

»Wir machen heute einen Salat mit Thunfisch«, sagt Kessie. »Nazim geht jetzt zu seiner Mutter.«

Wie auf Kommando verlässt Nazim den Raum.

»Es gibt Salat, Mama. Mit Olivenöl und Rotweinessig. Kein Sahnedressing, versprochen. Wir bereiten das Essen heute selber zu.«

Tomaten, Gurke, eine Dose Thunfisch, Olivenöl, Essig, Romanaherzen, Salz – all das holt Kessie aus ihrem Rucksack, stellt sich vor die Küche, schneidet das Gemüse, rührt das Dressing an und vermischt die Zutaten in einer rosafarbenen Schüssel. »Na, was meinst du?«

Dolores antwortet nicht. Sie ist mit der halb gegessenen Banane in der Hand eingenickt. Vorsichtig setzt Kessie sich an den Tisch und stochert im Salat herum.

Nazim schaut herein. »Ist sie eingeschlafen? Ich muss jetzt los. Brauchst du noch Hilfe?«

»Nein, aber ich dachte, wir gehen noch mal mit dem Hund spazieren.«

»Ich muss ein paar Sachen erledigen«, sagt Nazim. »Amira hat Sonntag Geburtstag. Komm doch vorbei, sie feiert ein bisschen. Sie würde sich sicher freuen. Und ich mich auch.«

»Okay.«

Nazim grinst. »Super, dann bis morgen.«

Kessie isst den Salat auf, nimmt Dolores die Banane aus der Hand, schiebt sich das letzte Stück in den Mund, sitzt eine Weile da und fotografiert schließlich die Küche.

DOGVILLE

Kessie:	Hoffe, damit wird es besser.
Grit:	Darauf soll deine mutter kochen?
Kessie:	Fang du nicht auch mit Skepsis an. Ist nur fürs Gefühl. Sie soll glauben, selber ihre Mahlzeiten zubereiten zu können.
Grit:	Verstehe...das ist wie wenn man mit der Regionalbahn fährt und die Toilette fällt aus...garantiert muss ich dann auf klo.
Kessie:	Bestes Beispiel. Nur umgekehrt. Wenn da eine Küche steht und sie meint kochen zu können, wird sie die Mahlzeiten hier essen. Bin ich mir sicher.
Grit:	Ich hoffe es...mögen alle deine Pläne aufgehen!
Kessie:	Was ist mit Charly?
Grit:	die klettert gleich auf den stuhl ... danach wissen wir mehr.

Charly hängt in Grits Armen, die neben ihr im Wartezimmer sitzt.

»Danke, dass du gekommen bist«, flüstert sie.

»Kein Ding.«

»Ist Bubba unten?«

»Ja«, sagt Grit, »den habe ich unter den Linden im Hinterhof angebunden. Da ist es schattig. Wasser hat er auch.«

Charly steht auf und schaut aus dem Fenster, tatsächlich liegt Bubba brav unter den Bäumen.

»Wieso siehst du so seltsam aus?«, fragt Grit. »Was ist das für ein Fummel?«

»Frau Kaiser, bitte.«

Charly springt auf, am liebsten will sie wegrennen, wie Tristan gerade, aber da spürt sie Grits Hand in ihrer, die sie sanft Richtung Behandlungszimmer geleitet.

Die Ärztin ist nett. Sie spricht von der Schwangerschaft und nicht von einem Kind. Sie fragt als Erstes, ob Charly die Schwangerschaft abbrechen möchte, und nickt ganz selbstverständlich, als sie mit den Schultern zuckt. Sie fragt nicht nach dem Vater. Sie sagt nicht einmal Vater, Mutter, Kind.

Hinter einem Paravent zieht Charly sich das Kleid aus und klettert anschließend in nichts außer ihrem Unterhemd auf den Gynäkologenstuhl. Die Ärztin drückt Kontaktgel auf eine Art Stab.

»Jetzt drückt es kurz«, sagt sie und führt Charly das Ultraschallgerät ein und tatsächlich drückt es kurz, aber dann folgt Charly dem Blick der Ärztin, die schaut konzentriert auf den Bildschirm. »Da«, sagt sie, »ist noch winzig.«

Charly stützt sich auf den Ellbogen ab. »Wo?«

Die Ärztin klopft mit einem Abstrichspatel gegen den Bildschirm, zoomt mit ein paar Klicks näher ran. »Sehen Sie? Siebte Woche ungefähr.«

Charly kneift die Augen zusammen. Das Ding bewegt sich, wie ein einsames, missgebildetes Seepferdchen am Grund eines Schwimmbeckens sieht es aus.

»Ist auch schon Herzaktion da.«

Das Schwänzchen zittert im Wasser, und während Charly sich wieder fragt, wie das Ding es in ihren Unterleib geschafft hat, hört sie plötzlich regelmäßige, dumpfe Schläge.

»Sind das Herztöne?«

»Nein«, sagt die Ärztin und schaut hoch zum Fenster, »das muss von draußen kommen.«

Sie klickt auf der Tastatur rum. »Ein Zentimeter, perfekt. Die Herztöne kann man ab kommender Woche hören. Aber ich kann Ihnen den Herzschlag zeigen.«

Charly starrt angestrengt auf den Bildschirm, die Ärztin klickt noch immer herum, bis eine Grafik unterhalb des Seepferdchens auftaucht, die aussieht wie eine Audacity-Sequenz.

Grit steht auf und tritt ans Fenster.

Die Ärztin klopft wieder mit dem Spatel auf den Bildschirm. »Wenn Sie etwas sehen wollen, hier spielt die Musik.«

»Ich weiß«, sagt Grit. »Ich schaue nur, ob unser Hund noch entspannt unter den Bäumen liegt. Der Lärm, der kommt von einer Baustelle an der Straße.«

»154 Schläge pro Minute. Sehr gut.«

Die Ärztin reicht Charly Papiertücher, damit sie sich das Kontaktgel zwischen den Beinen wegwischen kann.

»Das war es erst einmal. So weit alles in bester Ordnung, Frau Kaiser. Der nächste reguläre Termin wäre dann wieder in drei Wochen.«

»Können Sie mir ein Ultraschallbild ausdrucken?«, fragt Charly.

Wieder klickt die Ärztin herum, kurz darauf summt am Schreibtisch ein Drucker. Während Charly sich anzieht, beobachtet sie die Ärztin. Lächelnd wedelt sie mit dem Bild, als wäre es ein Polaroid. Irgendwie fühlt Charly sich betrogen. So als hätte sie ihr etwas angedreht. Regulärer Termin. Was, wenn sie abtreiben will?

Charly setzt sich neben Grit an den Tisch. Ein Heftchen liegt darauf, sieht aus wie Bubbas Impfbuch, nur dass *Mutterpass* draufsteht. Mutter, Pass – abgestempelt fürs Leben. Die Ärztin steckt das Ultraschallbild in den Pass, schreibt Charlys Namen vorne drauf und schiebt ihn über den Tisch.

»Danke«, sagt Charly, »also, ich habe mich entschieden. Ich glaube, ich möchte lieber nicht. Kein Kind.«

Grit neben ihr lächelt stolz wie eine Mentorin, deren Schülerin gerade eine Mutprobe bestanden hat.

»Kein Problem«, sagt die Ärztin, »es ist Ihre Entscheidung. Müssen Sie auch nicht heute treffen. Lassen Sie sich erst einmal alles in Ruhe durch den Kopf gehen.« Sie reicht Charly ein Infoblatt. »Wenn Sie die Schwangerschaft abbrechen wollen, ist das bis zur 14. Schwangerschaftswoche möglich. Sollten Sie sich für einen medikamentösen Abbruch entscheiden, dann sollten Sie sich spätestens kommende Woche wieder hier in der Praxis melden. Lassen Sie sich in einer staatlich anerkannten Beratungsstelle einen Termin geben. Dort wird Ihnen ein Beratungsschein ausgestellt. Adressen für Beratungsstellen finden Sie im Infoblatt oder online. Zwischen der Beratung und dem Abbruch müssen drei Tage verstreichen.«

»Warum?«

»Damit Sie Bedenkzeit haben.«

»Und von wem wird dann der Eingriff durchgeführt?«, fragt Grit.

»Von mir«, sagt die Ärztin, »in einer ambulanten Tagesklinik.«

Charly rutscht auf ihrem Stuhl herum. »Wie läuft das ab?«

»Sie haben zwei Optionen. Vollnarkose, dann wird das Gewebe abgesaugt. Oder ein medikamentöser Abbruch. Dazu werden Tabletten unter Aufsicht verabreicht, die Schwangerschaft geht ab, es fühlt sich an wie sehr starke Menstruationskrämpfe.«

»Und was ist mit den Kosten?«

»Das kommt drauf an. Wenn Sie arbeitslos sind, übernimmt die Kasse die Kosten.«

Charly faltet den Zettel zusammen und steckt ihn in ihre Schultertasche. Die Ärztin steht auf.

»Lassen Sie sich ein bisschen Zeit«, sagt sie wieder, »und dann melden Sie sich.«

Draußen liegt Bubba immer noch unter den Linden im Schatten. Er bellt, als sie auf ihn zukommen, Charly leint ihn ab, und vor Freude geht er ihr mit seiner Nase unter den Rock, leckt ihr die Beine, bis sie ihn schließlich abwehrt.

»Zeig mal das Bild«, sagt Grit und Charly reicht ihr den Mutterpass. Sie hält es sich nah vor die Augen, dann weiter weg.

»Ich kann da gar nichts drauf erkennen«, sagt sie. »Glaubst du mir das? Es ist so wie bei diesen dreidimensionalen Bildern, die Ende der Achtziger aufkamen. Da habe ich auch nie was erkennen können.«

»Und jetzt?«, fragt Charly.

»Na, du willst es nicht.«

»Keine Ahnung. Habe ich erst mal gesagt. Ich will mir nichts andrehen lassen.«

»Eigentlich liebst du doch Babys.«

»Das hast du schon mal gesagt. Tu ich das wirklich?«, fragt Charly.

»Charly, du hast ständig deinen Kopf in irgendeinem Kinderwagen, deine Nase in einem Babygesicht, bevor die Eltern protestieren können.«

»Nur, weil sie so gut riechen. Dann diese weiche Haut.«

»Babys schreien nicht, wenn sie gekniffen werden«, sagt Grit. »Hast du das mal ausprobiert?«

»Nein. Wieso sollte ich sie kneifen? Du bist grausam.«

»Als Alice noch ein Baby war, habe ich sie oft gekniffen.«

»Und sie hat nicht geweint?«, fragt Charly.

»Na, irgendwann schon.«

»Wie geht es deiner Nichte?«

»Gut. Sie ist zwar vier Wochen zu früh, aber in diesem Brutkasten liegt sie schon nicht mehr. Jetzt kann ich kommen und sie kneifen.«

»Du bist ein Biest. Meinst du nicht ernst, oder?«

Grit fletscht die Zähne. »Grrrrr«, macht sie, aber dann wird sie von einem tiefen, kehligen Knurren übertönt. Bubba steht einige Meter von ihnen entfernt mit kerzengerader Rute auf dem Bürgersteig und fixiert einen Dalmatiner, der auf ihn zugelaufen kommt.

»Die Leine«, schreit Charly.

»Die hängt um DEINEN Hals!«, schreit Grit.

 »Bubba!«, schreit Charly, aber Bubba hört nicht, er

fletscht die Zähne, seine schwarzen Lefzen glänzen feucht, Speichel tropft auf die Straße.

»Bubba, sofort hierher!«, brüllt Charly, doch da wirft Bubba sich schon auf den Dalmatiner.

4

LUTEALPHASE

Wir müssen –
stubenrein sein.
(Englisch: housebroken)
Fein!

Wir müssen –
leider draußen bleiben,
in die Hocke, wenn es nicht anders geht.

Wir müssen gar nichts –
wir sollten auf euch scheißen.

Aus SCHMUTZIG BLEIBEN: VERSE FÜR HÜNDINNEN
von Grit Feigenhauer

Am Abend steht Kessie vor dem Kleiderschrank der Mutter. Risse ziehen sich kreuz und quer über die verspiegelten Türen, Dolores ist bei einem Sturz dagegengefallen. Sie schaut vorsichtig hinein – noch immer hängen ein paar Kleidungsstücke darin, das meiste hat sie inzwischen ins Pflegeheim oder zur Nachbarschaftshilfe gebracht. So wie alle Mittelmeerfrauen hat Dolores immer viel Wert auf ihr Äußeres gelegt, und Kessie ließ früher keine Gelegenheit aus, in die Kleider ihrer Mutter zu schlüpfen, weil sie wie alle Frauen von klein auf darauf konditioniert wurde, schön – weiblich – aussehen zu wollen, und auch Dolores wollte aus Kessie das niedlichste Mädchen in ganz Ihrscheid machen, kämmte ihr die langen Haare zu kunstvollen Zopffrisuren, zog ihr plüschige rosa Röcke an, feine Lackschuhe von Deichmann. Später ließ sie Kessie mit den eigenen Sachen spielen, Lippenstift und Rouge tragen, Kleider, Stiefel mit hohen Absätzen, deren Schäfte ihr bis zum Schambein reichten. Dass Kessie nichts davon passte, dass es grotesk wirkte, war egal, im Gegenteil. Sie müsse nur in die Sachen hineinwachsen, dann würde sie so schön sein wie die Frauen in den Zeitschriften, versprach der Spiegel. Inzwischen kann Kessie mit dem Label *Frau* nur noch wenig anfangen und ist dankbar, dass sich die binären Geschlechterrollen immer mehr auflösen, auch wenn sie sich selbst als weiblich bezeichnen würde.

Sie fasst in den Schrank, berührt die Sachen, die noch

übrig sind, Pumps, Seidentücher im Hermèslook, ein Kissen voller Broschen. Sie schiebt die Kleiderbügel auseinander, sucht aus Spaß nach einem Fummel für heute Abend. Sie hat überlegt – sie wird mit Nazim schlafen, wenn sie sich danach fühlt. Um der alten Zeiten willen. Weil sie es schon so lange nicht mehr getan hat und sich vergewissern will, dass sie es noch kann. Kondome hat sie schon gekauft. Kondome trägt sie immer bei sich, hatte welche aus Berlin im Gepäck, musste sie aber wegwerfen – abgelaufen, mal wieder. Eigentlich hat sie die Männer satt, sie hat sie drangegeben wie andere das Rauchen, und die Kondomkäufe sind nur noch eine alte Angewohnheit aus längst vergangenen Zeiten. Der Sex fehlt manchmal, aber wenn sie genau überlegt, hat ein Mann sie nie so befriedigen können wie sie sich selber. Diese allesamt lustlosen, tölpelhaften Handgriffe – so dermaßen daneben, dass nicht mal reden geholfen hätte, weil wo anfangen?

Ein rotes Chiffontuch hängt über einem Bügel, Kessie holt es hervor, wirft es sich über den Kopf, wie die Mutter früher, damit das Make-up nicht auf den Stoff gelangte, wenn sie sich anzog. Sie greift nach einem lila Kleid, das an der Taille von einem breiten Ledergürtel zusammengehalten wird, schlüpft hinein, passt, aber Kessie kann nur lachen über die Vorstellung, so bei Amiras Geburtstag aufzulaufen – kostümiert als *Frau*. Als sie in die Pubertät kam, brach sie nach und nach mit allem, was weiblich konnotiert war, sie schnitt sich die langen Haare ab, trug die zu großen T-Shirts ihres Vaters, Chucks, Jeans und immer dieselben Lammwollpullis von Benetton. Daran hat sich bis heute nichts geändert, egal, ob sie mit dem Hund Gassi geht oder auf eine Hochzeit – nur die Farben der

Pullis hat sie im Laufe der Jahre an die von Pans Fell angepasst, um die Millionen Hundehaare zu kaschieren, die ihre Kleider, ihre Bettwäsche, ihr ganzes Leben bedecken.

Sie tritt näher an den Spiegel heran, macht einen Kussmund, stemmt die Arme in die Hüfte. Das Glas beschlägt, sie bleckt die Zähne. Alt sieht sie aus in dieser Maskerade, gerade weil es so offensichtlich ablenken will – von den grauen Haaren, die an den Schläfen schon weiß sind, der Zornesfalte zwischen den Augenbrauen, dem zurückgehenden Zahnfleisch, den Kaffeeflecken, selbst die beste Zahnreinigung bekommt die nicht weg, von dem langsam welk werdenden Fleisch. Altern – auch etwas, was Frauen verboten ist. Auch ein gutes, neues Schulfach: *Altern lernen (nur für Mädchen!)*.

Sie zieht sich ein sauberes T-Shirt an, knotet den Pullover über der Schulter an den Ärmeln zusammen. Sie wird Nazim mit zu sich nach Hause nehmen – hier im Bett der Mutter wird sie es mit ihm treiben. *Treiben*, dieses Wort. Schwindelig wird ihr davon, Angst macht es ihr, aber es ist eine schöne Angst, wie früher auf dem Rummel, wenn sie mit ihren Freundinnen irgendein neues Fahrgeschäft testete, ohne zu wissen, ob sie danach kotzen würde.

Pan liegt im Bett, den Kopf auf dem Kissen, wie ein Mensch. Sie krault ihm zum Abschied die Ohren, dann klemmt sie sich eine Weinflasche unter den Arm und verlässt das Haus. Die Luft ist mild und im Hof riecht es nach gebratenem Fleisch. Herr und Frau Schröder sitzen auf dem Balkon vor ihrem meterlangen Grill aus Edelstahl, wie ein Tresor sieht das Ding aus. Kurz genießt sie die eisige Stille, die zwischen ihr und den Nachbarn herrscht, zündet sich in aller Ruhe eine Zigarette an und spaziert dann am Betonufer des Mühlenbachs entlang bis zum Fluss.

DOGVILLE

Charly:	350 euro kostet eier ab hab grad mit der tierärztin telefoniert die haben mir auch schon nen termin gegeben.
Kessie:	Gut. Für wann?
Grit:	Hallelujah...sowas wie Freitag vor der Arztpraxis werden wir dann nie wieder erleben...hoffe ich. Ich finds traumatisch...echt.
Charly:	kommenden donnerstag schon:-(((
Grit:	Je früher desto besser ...
Kessie:	Wie läuft es im Garten?
Grit:	Gut! Aufregung! Gleich kommen die Pfauen!!!
Kessie:	Meinst du wirklich Pfauen oder ist das versehentliches Autocomplete? Schlafe heute mit Nazim. Habe ich beschlossen.
Grit:	woop woop...nein...echte Pfauen kommen heute.
Kessie:	Musst du mal in Ruhe erzählen.

Hinter der Brücke biegt Kessie ab in die Blumensiedlung, läuft vorbei an kleinen Einfamilienhäusern. Da steht schon Nazims lila Ente. Sie betritt den Vorgarten und klingelt. Zwei Mädchen auf Rollschuhen öffnen die Tür, die schwarzen Haare übersät mit pinken Spangen, die eine ist Yugi, aber als sie Pan nirgends sieht, sagt sie nur kurz

Hallo, rollt an Kessie vorbei und saust hinter der anderen die Straße runter.

Im Flur taucht eine Frau auf – Amira, um ihren Hals hängt eine Luftschlange. »Du bist da, wie schön!«, sagt sie und winkt sie herein. »Meine Tochter. Sie hatte auch gerade Geburtstag, also ist es eine Doppelfeier. Die Rollschuhe hat sie heute bekommen. Und Yugi auch. Schenk mal deiner Tochter Rollschuhe und der Nichte nicht, da wäre was los!«

Stimmen, Musik und Gelächter dringen zu ihnen herüber.

»Also«, sagt Amira, »unten ist Kinderdisco, oben sind die Erwachsenen. Ich wollte endlich mal wieder richtig feiern, das habe ich schon Jahre nicht mehr gemacht. Erst wegen der Pandemie und dann wegen meiner Erkrankung.«

»Ja, Nazim hat mir erzählt, dass es dich richtig erwischt hat.«

»Hör auf, ich will nicht darüber reden. Aber es kann passieren, dass ich euch schon in einer Stunde alle wieder rausschmeißen muss, weil ich zu fertig bin, also genießen wir den Moment.«

Kessie überreicht ihr die Flasche Wein. »Herzlichen Glückwunsch!«

»Danke, du Liebe. Getränke sind im Kühlschrank, Essen auf der Terrasse. Nazim ist der Grillmeister. Mein Mann hat die Salate gemacht. Polnische. Richtig deftig, liebe ich. Die sind wie die deutschen Salate, nur lecker.«

In der Küche nimmt Kessie sich ein Bier aus dem Kühlschrank und geht in den Garten. Nazim steht am Grill, umringt von fröhlichen Mittvierzigern, die Teller in den

Händen halten und laut durcheinanderreden. Er winkt ihr mit einer Grillgabel zu. Sie nickt, setzt die Flasche an, nimmt einen großen Schluck.

DOGVILLE

Kessie: Soll ich wirklich mit ihm schlafen?

Grit: Du musst dir nichts beweisen….

Kessie: Und die Pfauen?

Grit: Tierschutzaktion von Fritz.

Kessie: Bei euch ist was los. Wünschte, ich könnte in Berlin sein. Was mache ich hier? Auf dieser Party?

Charly: dich amüsieren weil du das mal brauchst zwischen dem ganzen hustle in ihrscheid also penn mit ihm und mach dir keine gedanken lass den körper denken oder bist du etwa wieder in ihn also nazim

Grit: Haha, »bist du in ihn«. Ich liebe diesen Viertklässlerinnen-Slang….

Kessie: Nein. Will nur schauen, ob ich es noch kann. Mache es auch nur mit ihm, weil ich NICHT mehr in ihn bin.

Charly: wow du kleine abgeklärte fotze i love it schau mal hier das ultraschallfoto habe ich dir noch gar nicht gezeigt grit sagt sie kann nix drauf erkennen

Kessie: Ich auch nicht.

Grit: Oh…die Pfauen kommen

Waa-waa-waa! Ein seltsames Geräusch schallt über die Gartenkolonie, Fritz hat den Lieferwagen geparkt, die hinteren Türen stehen weit offen. *Waa-waa-waa!* Grit hält die Gartentür auf, während Anno und Fritz zwei große Käfige durchs Tor tragen und auf dem Rasen abstellen. Grit kann nichts erkennen, graue Decken liegen darüber, nur das *Waa-waa-waa* hört sie, es dringt aus einem der Käfige – halb nach Lust und halb nach Schmerz klingt es. Bubba, der bis gerade eben friedlich in der Sonne gelegen hat, schreckt auf, schnuppert an den Decken, wendet sich jedoch ab und legt sich vor das Bettgestell am Birnbaum.

»Soll ich Bubba festmachen?«, fragt Charly. Ihr Kopf schaut hinterm Bett hervor. »Er scheint sich nicht für die zu interessieren.«

»Halt ihn am Halsband, das reicht«, ruft Fritz.

Anno stellt sich zu Grit, die noch immer am Gartentor steht und gebührend Abstand hält. Fritz nimmt die Decken ab und öffnet beide Käfige. Der Hahn kommt gleich heraus, ein prächtiger blauer Vogel, sein Schwanz schleift wie ein Reisigbesen hinter ihm her. Kurz darauf folgt ihm die Henne. Sie hat braune Federn und auf ihrem Kopf wippt ein kleines Diadem. Gemeinsam stolzieren sie zwischen den Beeten herum, schütteln sich und fangen vorsichtig an, in der Erde zu picken.

»Das sind Chia und Quinoa«, sagt Fritz und verbeugt sich, so als wollte er sich stellvertretend für die beiden Pfauen vorstellen.

»Beißen die?«, fragt Anno.

»Nein. Sie sind harmlos. Wie Schwäne.«

»Also, die Schwäne am Urbanhafen haben mich schon oft gebissen«, flüstert Anno Grit zu, nur langsam wagen sie sich auf die Wiese.

»Du hast sie gerettet?«

Fritz nickt. »Aus einem Streichelzoo in der Hasenheide. Sie wären sonst gekeult worden«, sagt er, »aber keine Sorge, sie sind nur vorübergehend hier. Ende des Monats kommen sie in einen Vogelpark in der Uckermark.«

»Von mir aus können die ruhig bleiben«, sagt Grit.

»Fliegen die Pfauen denn nicht weg?«, fragt Anno.

»Ich glaube, das können sie nicht«, sagt Fritz. »Man macht Zootiere flugunfähig, indem man ihnen die Flügel stutzt.«

Anno geht in die Hocke, streckt unbeholfen die Hand nach den Vögeln aus, als wollte er ein Kätzchen anlocken. »Diese Farben«, sagt er.

Grit kniet sich neben ihn. Die Vögel strahlen eine wilde Hochmütigkeit aus, und sie braucht es gar nicht erst zu versuchen, sie weiß es: Nie würden sie sich anfassen lassen, egal, wie sehr sie sie lockt.

»Die Federn«, sagt Fritz, »sehen nur im Sonnenlicht so prachtvoll aus. Ohne das Licht wären sie einfach nur grau.«

Anno lacht. »Du bist ein Pfauenversteher«, sagt er und da stellt der Hahn plötzlich seine Schleppe auf und Grit schreckt zurück, sie stolpert und fällt auf den Hintern, ihr wird ganz schwindelig beim Anblick der tausend fedrigen Augen, die sie anstarren.

»Charly, schau doch mal!«, ruft Grit.

Charly reagiert nicht, genauso wenig wie Bubba. Gemeinsam liegen sie auf dem Bett unter dem Birnbaum, Charly starrt auf ihr Handy. Hoffentlich lernt sie ihren Text, denkt Grit, aber vermutlich betrachtet sie mal wieder dieses Ultraschallbild, das sie abfotografiert hat – seit Tagen macht sie nichts anderes. Auch die Henne wirkt nicht besonders beeindruckt. Der Pfau baut sich frontal vor Anno und Fritz auf, als wollte er sie mit seiner Schönheit einschüchtern, und genauso selbstverständlich, wie er seine Schleppe aufgerichtet hat, lässt er die Federn wieder in sich zusammenfallen.

»Charly«, ruft sie, »hast du die Pfauen gesehen?«

»Ja. Er hat seinen Schwanz aufgestellt. Abgefahren.«

Grit setzt sich zu ihr auf die Bettkante.

»Ich brauche einen Kaffee«, sagt Charly und legt das Telefon zur Seite.

»Ist es dazu nicht etwas spät? Geh heim. Lern deinen Text oder geh früh schlafen, damit du frisch bist für die Proben morgen.«

»Ach«, sagt sie, »ich mag nicht allein sein. Ich bin traurig.«

»Du musst eine Entscheidung treffen, dann wird es dir schnell besser gehen.«

»Nein«, sagt Charly, »nicht wegen mir. Wegen Bubba. Ich will nicht, dass er kastriert wird.«

»Der Termin steht jetzt, und wenn du das nicht durchziehst, ehrlich, dann weiß ich auch nicht weiter. Dann musst du ihn abgeben.«

Charly dreht sich von Grit weg. »Ich will einen Kaffee.«

»Pass auf«, sagt Grit, »ich mache dir einen Kaffee, aber nur, wenn du hier nicht mehr so rumlümmelst.«

»Ich hatte einmal Träume«, flüstert sie und starrt wieder aufs Handy.

»Dann setz sie um und jammere nicht. Dieses Leben im Liegen, das muss endlich aufhören, egal ob schwanger oder nicht.«

»Geht's noch lauter?«, flüstert Charly. »Fritz soll nichts davon wissen!«

»Du glaubst wohl, Fritz ist dumm, der hat doch längst kapiert, was Phase ist. Und hör auf, immer wieder dieses Ultraschallbild anzustarren, das macht dich total weich in der Birne«, zischt Grit. »Google mal, wie so was aussieht in der achten Woche. Da ist nichts außer Blut und Haut. Das sieht aus wie B12-Lasagne von Fritz. Ernsthaft.«

Charly gähnt, mühsam erhebt sie sich, tastet im Gras nach ihren Espadrillen.

»Ich mache mir jetzt selbst Kaffee«, brummt sie.

Anno und Fritz hocken in den Beeten. Fritz wirft den Pfauen aus einem Beutel Haferflocken hin – wie zwei kleine Jungen im Tiergarten blicken sie selbstvergessen auf die Vögel. Charly schlurft in die Hütte und kurz darauf dringt der Duft von Kaffee und warmer Hafermilch nach draußen.

»Was ist denn mit der los?«, fragt Anno.

»Ach, wegen Bubbas Kastration.«

Anno geht zu Bubba, der wälzt sich genüsslich im Gras und streckt ihm seinen Bauch entgegen. »Du ahnst noch nicht, was dir kommende Woche blüht, was?«

»Anno«, ruft Charly, »könntest du Bubba am Donnerstag nach der OP abholen?«

»Prinzipiell schon«, sagt Anno. »Hast du keine Zeit? Wegen der Proben?«

»Schon. Ich will aber nicht, dass er denkt, ich wäre in irgendeiner Weise an diesem Akt beteiligt gewesen«, sagt sie und pflanzt sich mit ihrem Kaffee auf die Hollywoodschaukel.

»Verstehe«, sagt Anno. Er grinst Grit an, nimmt sie an der Hand und zieht sie aufs Bett. »Ich wollte noch etwas mit dir besprechen. Es geht um den Garten.«

»Hast du mit deinen Eltern geredet?«, fragt Grit.

»Ja.«

»Warum erzählst du das jetzt erst?«

»Also, erst mal«, sagt Anno und holt tief Luft, »ich finde es toll, was du hier geleistet hast. Hut ab! Ernsthaft, ich hätte dir das nie zugetraut. Mit meinem Vater habe ich erst gestern telefoniert, weil ich abwarten wollte, wie sich das hier entwickelt. Das Architektenpärchen ist aus Bali zurück. Und die haben mit ihm letzte Woche den Kaufvertrag gemacht, hat er mir gesagt.«

»Das macht doch nichts«, sagt Grit. »Von so einem Vertrag kann man innerhalb von zwei Wochen zurücktreten. Dein Vater freut sich bestimmt, wenn ich den Garten übernehme.«

»Ja, das hat er auch gesagt.«

»Wie hoch ist der Preis?«

Anno verzieht das Gesicht.

»Jetzt sag schon.«

»40 000.«

Grit lacht laut. »Das ist ein Scherz, oder?«

»Die Preise für Gartengrundstücke sind seit der Pandemie krass gestiegen. Und das hier sind ja keine Pachtparzellen, sondern genossenschaftliche Gärten.«

»Das ist viel zu viel Geld.«

»Ich weiß«, sagt Anno, »aber meine Eltern wollen sich eine kleine Ferienwohnung an der Ostsee kaufen. Auf der polnischen Seite. Da haben sie den Kaufvertrag schon unterschrieben.« Wieder nimmt er Grits Hand. »Diesen Garten hättest du auf Lebenszeit. Den könnte dir keiner mehr wegnehmen, und in Bauland darf das auch nicht umgewandelt werden.«

Grit nickt. »Okay. Morgen rufe ich meine Eltern an, die sind heute Abend im Theater. Vielleicht kann ich das ja auch in Raten abstottern.«

»Ja«, sagt Anno und greift in seine Hosentasche.

»Was?«

Er grinst und hält ihr das Telefon hin, aber Grit wehrt ihn ab.

»Bitte, nicht noch mehr Babyfotos. Ich habe heute mit Alice telefoniert, der Kleinen geht es sehr gut, und wir müssen uns absolut keine Sorgen machen.«

»Nein«, sagt Anno, »Dirk hat mir geschrieben. Er hat eine Bitte an dich.«

Grit nimmt ihm das Telefon aus der Hand. Mit offenem Mund blickt sie auf den Bildschirm. »Der spinnt jetzt komplett.«

Anno umarmt und küsst sie. »Ärger dich nicht. Schau, was du dir für ein Paradies geschaffen hast. Ihr habt euch so viel Mühe gegeben. Es ist ein ganz anderer Ort geworden. Ich erkenne ihn kaum wieder, und plötzlich will ich mich auch hier aufhalten. Und mit anpacken.« Er lacht. »Wer hätte das gedacht?«

DOGVILLE

Grit: Schaut mal bitte....dieser Dirk dreht jetzt völlig ab....das hat er an Anno geschickt

Dirk: Lieber Anno, jetzt, wo meine zukünftige Angetraute auch wieder in ein normales Kleid passt und auch ein solches tragen wird, wollte ich dich fragen, ob du eventuell noch mal mit Grit sprechen könntest. Es würde uns alle sehr freuen, wenn sie den Dresscode für die Hochzeit einhält und in einem »schönen«, dem Anlass angemessenen Kleid erscheint. Ich möchte ihr nicht zu nahetreten, aber sie hat bei unserem Besuch erwähnt, dass sie praktisch all ihre Anziehsachen auf der Straße findet. Wenn dem so ist und das kein schlechter Scherz war, dann wollte ich dich fragen, ob du sie bitten könntest, sich ein Kleid zu kaufen oder zu leihen. Ginge das?

Anno: Ja, sage ich ihr.

Dirk: Kommst du denn oder nicht?
Das Menü steht ja schon lange. Auf eure vegetarischen Wünsche haben wir Rücksicht genommen. Es sind noch zwei andere von eurer Sorte da, ihr sitzt mit Karin Margiolis und Christian Hallberg der Einfachheit halber am Veggie-Tisch. Bringt euch vielleicht noch Fakefleisch o. Ä. für den Grill mit, weiß nicht genau, was ihr esst.

Kessie: Ok. Er ist wirklich sehr seltsam.

Grit: Ich ziehe kein Kleid an...jetzt erst recht nicht ...

Charly: ja scheiß auf schick sein @kessie bist du schon auf dem geburtstag

Kessie: Ja. Habe mich auch nicht schick gemacht. Niemals.

Charly: und ER auch nicht wetten

Kessie: Nein;-) ER trägt eine karierte Grillschürze.

Sitze ihm direkt gegenüber. Früher habe ich mir so oft vorgestellt, ihn noch einmal so zuzurichten wie damals in der Tiefgarage. Sollte ich ihn je wiedersehen. Stattdessen beobachte ich ihn, wie er in seiner Schürze behutsam Grillgut wendet. Manchmal kneift er die Augen zusammen, wenn es zu sehr qualmt. All die Wut nach der Trennung ist weg.

Charly: hör auf mit denken und pflück ihn dir
Grit: @charly hör mal auf mit deiner pussy art … sorry … pushy art
Charly: pussy art i like es lebe die raute das wusste auch schon angela merkel
Grit: ?
Kessie: ??
Charly: na das rautenzeichen bei angela wisst ihr nicht was das bedeutet? es ist das zeichen ihrer vu. sie hat dieses land mit harter vu regiert es war ihr geheimzeichen
Kessie: Nein. Die Raute hat ihr geholfen den Rücken gerade zu halten.
Charly: ja offiziell
Grit: Du bist mir auch so eine harte Vu.
Charly: glaubt mir ich habe dafür ein auge

Yugi kommt in ihren Rollschuhen über den Rasen gelaufen und lässt sich auf die Bank fallen. »Darf ich dein Handy haben?«, fragt sie.

»Wofür?«, sagt Kessie.

»Nur so. Zum Zocken.«

Kessie grinst.

»Nein.«

Yugi zeigt auf das Bier. »Darf ich davon einen Schluck?«

»Auf keinen Fall«, sagt Kessie.

»Ach, ist doch nichts Besonderes. Papa hat mich schon mal den Schaum trinken lassen.«

»Von mir bekommst du keinen Alkohol.«

»Boah, bist du streng. Wie Mama.«

Am Ende des Gartens spielen zwei junge Männer Tischtennis, es scheint ihnen nicht ums Gewinnen zu gehen, um Punkte, keiner schmettert den Ball auf die Platte, sie haben einfach Spaß am Spiel, an schönen, treffgenauen Pässen, die der andere elegant parieren kann. Der Dunkelhaarige auf der linken Seite trägt die Haare bis zum Kinn, er hat ein umwerfendes Lächeln und weiße Zähne, die sich aneinanderreihen wie die Perlen einer besonders kostbaren Kette.

»Ich hab Hunger«, sagt Yugi.

»Ich auch. Bestell bei deinem Papa mal zwei Teller mit allem.«

Yugi springt auf und verschwindet in der Meute vor dem Grill. Kurz darauf kommt Nazim mit zwei Tellern an den Tisch, er stellt sie ab und angelt sich eine Bierflasche aus dem Kasten, der neben der Bank steht.

»Wo ist Yugi?«

»Schon wieder im Schwarm untergetaucht. Prost«, sagt er und schlägt seine Bierflasche etwas zu beherzt gegen ihre.

»Wer sind die?«, fragt Kessie und zeigt auf die Männer an der Tischtennisplatte.

»Der Dunkelhaarige ist der Sohn von Marek aus erster

Ehe«, sagt Nazim. »Amiras Stiefsohn sozusagen. Der andere ein Freund, keine Ahnung.«

Kessie kann die beiden in der Spiegelung der gläsernen Terrassentür beobachten, während Nazim und sie essen. Sie sieht die jungen Männer spielen und sie sieht sich selbst als Projektion auf der seltsam abgeschnittenen Tischtennisplatte sitzen – verzerrt –, während der kleine Ball über sie hinwegfliegt, ihr um die Schultern gelegter Pulli könnte auch ein seltsamer Verband sein, und kurz stellt sie sich vor, nackt auf dieser Tischtennisplatte zu sitzen, hinter ihr der schöne Mann, aber der verschmierte Teller und ihr kauender Mund passen nicht in dieses Bild und Nazim neben ihr auch nicht, mit seinem Rauschebart, ein Mann, der genau wie sie auf die 50 zugeht, mit Glatze und Plauze, es aber sicher völlig okay findet, grau und dick zu werden, weil *das ist das Leben* und *ich will auch keine 20 mehr sein* – so ungefähr.

»Wollen wir tanzen?«, fragt Nazim. »Unten im Keller ist Kinderdisco.«

»Hab schon gehört«, sagt Kessie, »warum nicht?«

Im Keller ist es so voll wie in einer echten Disco. Kessie geht in Berlin kaum noch aus, und pandemiebedingt ist sie es nicht mehr gewöhnt, unter so vielen Menschen zu sein, aber selbst Amira steht mitten auf der Tanzfläche und lässt sich von ihrer Tochter umkreisen. Junge Mädchen, kaum zehn Jahre alt, mit Glitzer im Gesicht, tanzen bauchfrei Macarena – mittendrin Yugi auf Rollschuhen. Der Lärm ist ohrenbetäubend, ein neues Lied beginnt, die Mädchen staksen zu Beyoncés *All the single ladies* auf ihren dünnen Beinen auf der Tanzfläche herum, eine drückt ihren imaginären Busen hoch, fasst sich in den Schritt und landet dann mit einem hohen Sprung auf dem Boden im Spagat. Amira lacht und dreht sich im Kreis.

Nazim bewegt sich neben Kessie ungelenk auf der Tanzfläche. Das Alter hat ihm nicht nur die blauschwarze Mähne genommen, die er mit 16 hatte, es hat ihn ausbleichen lassen und wie ein oft benutztes Werkzeug auf angenehme Weise stumpf gemacht. Dieser furchtbare Liebeskummer damals, dieser in jeden Winkel ihres Körpers ausstrahlende Schmerz, erscheint ihr im Nachhinein unwirklich, wie aus Plastik. Ein weiches Vlies breitet sich in ihr aus – Erleichterung, aber auch eine leise Enttäuschung, weil die Zeit diese heiße, schneidende Liebe zerrieben hat, den Schmerz und die Wut und die Ohnmacht, und da traut sie sich näher an Nazim heran, und auch er drückt sie dankbar an sich.

DOGVILLE

Charly: ach @kessie ich bereu so viel kennst du das?

Charly: Dass ich mich hab einschüchtern lassen von irgendwelchen honks intendanten regisseure

Charly: ich hätt einfach an mich glauben müssen aber ich hab 10 jahre im schmuckwinkel gelegen und nur davon geträumt in den filmen mitzuspielen die ich mir auf meinen vorhängen angeschaut hab anstatt mir mal den arsch aufzureißen & den widerstand als herausforderung zu sehen

Charly: oder?

Charly: sorry für monolog/theatralischer text

Charly:	ich hab voll das gefühl mein leben schwimmt mir weg
Charly:	als hätte ich mich selber abgetrieben
Charly:	die letzten jahre
Charly:	jetzt wo da so eine bombe in mein leben platzt wird mir so vieles klar
Charly:	sag mal liest hier eigentlich irgendjemand mit???

Außer Atem lassen Nazim und Kessie sich auf ein Sofa fallen, und Kessie beobachtet Yugi und die anderen Mädchen, wie sie unermüdlich tanzen, Runde um Runde mit ihren Rollschuhen drehen und zwischendurch am Kinderbüfett vorbeirollen, sich Gummischnüre und Brausepulver reinschieben und mit Kindercola nachspülen. Yugi kommt auf sie zu, als sie abbremst, schwappt ihr die Cola aus dem Glas. Kessie kann gerade noch die Beine wegziehen, da ergießt sich der Inhalt des Glases auf das Sofa.

»Scheiße!«, ruft Yugi.

»Das sagt man nicht, junge Dame«, sagt Nazim und steht auf.

Yugi kichert und hält sich die Hand vor den Mund, sie wirkt beschwipst, Kessie kennt das Gefühl. Als Kind konnte auch sie ohne Alkohol auf Partys diesen Zustand erreichen, wenn keiner auf sie achtete und sie so viel Zucker essen durfte, wie sie wollte.

»Scheidenkleister. Wollte ich sagen«, lacht Yugi, und dann ist sie schon wieder auf der Tanzfläche und lässt Kessie mit dieser Wortkreation allein.

Nazim kommt mit zwei Bierflaschen und einem Küchentuch zurück. Er beseitigt den nassen Fleck auf dem

Boden, tupft das Sofa ab und prostet Kessie zu, noch schwungvoller als vorher.

»Wann fährst du wieder?«, fragt er und setzt sich neben sie.

Kessie zuckt mit den Schultern. »Nächste Woche, wahrscheinlich. Samstag kommt die Nachbarschaftshilfe und räumt die Wohnung aus. Spätestens dann muss ich erst mal wieder nach Berlin.«

Nazim hebt seine Flasche. »Auf uns! Wer hätte das gedacht? Ausgerechnet in einem Pflegeheim treffen wir uns wieder.«

»Ich dachte damals, dass ich dich nie wiedersehen würde«, sagt Kessie.

Nazim grinst und rückt näher an sie heran. »Weißt du eigentlich, dass du mich entjungfert hast?«

»Nein.«

»Hast du.« Er nippt an dem Bier. »Habe ich dich auch entjungfert?«, fragt er.

»Nein.«

»Echt nicht? Komm, das sagst du doch nur so.«

»Warum sollte ich?«

»Keine Ahnung. Weil du tief im Inneren immer noch sauer auf mich bist.«

Kessie nimmt einen großen Schluck Bier. »Was gibt man euch Typen eigentlich in die Muttermilch? Ernsthaft, diese hartnäckige Überzeugung, dass die ganze Welt sich irgendwie um einen dreht, einfach nur, weil man ein Mann ist?«

»Siehst du, ich sag doch, du bist sauer auf mich.«

»Ich bin nicht sauer«, sagt Kessie, »ich bin nur neidisch. Und entsetzt. Ich hätte dieses Gefühl auch gerne gehabt.

Dass ich alles im Leben werden kann, Flying Doctor, Dichterin oder Fremdenlegionärin.«

»Ich bin zu beneiden, ja? In der kurzen Zeit, die du hier bist, bist du ausgerechnet zu dieser Erkenntnis gekommen? Das finde ich krass. Ich hätte gedacht, dass du mehr Einfühlungsvermögen hast.«

Kessie lacht wieder. »Einfühlungsvermögen.« Sie trinkt ihr Bier in einem Zug aus. »Ich glaube, ich geh jetzt besser.«

»Nein«, sagt Nazim. »Entschuldigung.«

»Entschuldigung was?«

»Das mit dem Einfühlungsvermögen.«

Kessie steht auf und sucht ihren Pullover. Ihr ist kalt. Er muss noch oben auf der Bank liegen.

»Willst du jetzt wirklich gehen?«, fragt Nazim.

Wortlos steigt sie vor ihm die Treppe hoch.

»Kessie, bitte. Ich habe das nicht so gemeint. Jetzt rede mit mir.«

»Ja«, sagt sie, als sie im Flur steht, »ich gehe jetzt.«

»Dann lass mich dich wenigstens fahren.«

»Du bist betrunken.«

»Quatsch, ich habe drei Bier getrunken. Ich bring dich. Nur über die Brücke, versprochen.«

Kessie sieht ihn in die Küche gehen und zwei Bierflaschen in die großen Taschen seiner Tarnjacke stecken. Sie will nach Hause, was für eine Schnapsidee, was für ein armseliger Ablenkungsversuch von dieser ganzen Misere hier in Ihrscheid, sie hat nicht einmal den Nerv, Amira zu suchen, um sich von ihr zu verabschieden. Durch das Fenster sieht sie die jungen Männer, sie spielen noch immer Tischtennis. Sie dreht sich weg, öffnet die Haustür und tritt auf die Straße. Nazim folgt ihr, steigt in seine Ente und öffnet von innen die Beifahrertür, Kessie lässt sich widerwillig das kurze Stück über die Brücke fahren. Hinter dem Fluss biegt Nazim links ab und parkt den Wagen auf dem Sandplatz neben dem Ufer.

»Und jetzt?«, sagt er.

Kessie zuckt mit den Schultern. Am Himmel wird die Sonne langsam müde, sie hängt tief über den Bäumen. Nazim öffnet mit seinem Feuerzeug die Bierflaschen, reicht ihr eine davon.

Sie steigt aus, geht ein paar Schritte und schaut aufs Wasser.

»Ist dir nicht kalt?«, hört sie Nazim hinter sich.

»Habe meinen Pulli bei Amira vergessen.«

Er legt ihr seine Jacke um.

»Warum hast du dich damals getrennt?«, fragt Kessie.

»Von dir?«

»Nein, vom Weihnachtsmann.«

»Ich war nicht reif für eine Beziehung.«

»O bitte«, sagt Kessie.

»Ernsthaft. Ich weiß, dass das wie eine Floskel klingt, aber es ist die Wahrheit.«

»Du bist der einzige Mann, den ich je geliebt habe, glaube ich.«

Nazim starrt sie an. »Blödsinn. Wir kannten uns doch kaum.«

»Es ist nicht so dramatisch, wie es klingt. Ich habe dich geliebt. Du hast mich damals sehr verletzt.«

»Das klingt wirklich melodramatisch. Du hast mich auch verletzt, was soll das?«

»Ich weiß. Und ich weiß, dass du mich auch geliebt

hast. Und deswegen verstehe ich nicht, warum du dich getrennt hast. Was war falsch?«

»Nichts war falsch. Du warst wunderbar. Schlau, laut und widerborstig. Du hast mich auf eine Weise herausgefordert, die ich nicht kannte. Damit konnte ich nicht umgehen. Das meine ich mit Reife. Ich wollte eine Frau, die mich bewundert.«

»Ich habe dich bewundert. Und wie.«

»Ja, aber du hast mich auch hinterfragt. Ich war dumm. Du hast mich verunsichert, und ich wusste nicht, dass genau das Liebe ist, wenn da jemand ist, der dir so viel bedeutet, dass er dich verunsichern kann. Das war mir zu viel.«

»Mir nicht«, sagt Kessie und sucht nach ihren Zigaretten. »Ich habe immer nach so etwas gesucht, mit weniger wollte ich mich nicht zufriedengeben. Deswegen bin ich allein. Das wolltest du doch die ganze Zeit wissen. Hast dich nur nicht getraut zu fragen, was?«

Nazim schweigt.

»Weil du dachtest, dass ich selbst dran schuld bin, oder? So eine komplizierte Frau. Hat sie jetzt davon. Wollte immer alles, hat jetzt nichts. Stell dir vor, mir geht's gut damit! Jedenfalls besser, als mit jemandem zusammen zu sein, der einen gar nicht wirklich liebt, sondern auch nur nicht allein sein will.«

Nazim reibt sich den Bart. »Okay. Du bist glücklich. Und ich nicht. Ich bin geschieden und so gut wie alleinerziehend. Freut dich das jetzt, 20 Jahre später?«

»30.«

»29.«

Kessie grinst. »Ein bisschen schon.«

Nazim nimmt sie an der Hand und zieht sie über den Parkplatz. »Komm, ich zeig dir was.«

»Wo willst du hin?«

Nazim lässt ihre Hand nicht los und läuft am Ufer entlang bis zum Ende der Straße.

»Du willst doch nicht etwa zum Boxclub?«

Nazim zeigt auf das Schild an der Kreuzung.

»Ich habe nie verstanden, warum diese schmale Straße so seltsam heißt«, sagt Kessie.

»Na, vielleicht haben sie sich im Mittelalter immer hier am Ufer geprügelt. Vielleicht war das ein Haufeld.«

»Willst du mich herausfordern?«

»Nein, gegen dich kämpfe ich nicht. Das geht ins Auge.«

»Haha. Gibt es den Club noch?«

»Ja. Komm mit.«

Sie schüttelt seine Hand ab und läuft voraus. Das Schild über dem Eingang ist noch das gleiche, nur einen neuen Anstrich hat das Gebäude irgendwann bekommen. Durch die Glasfront kann sie einen bulligen Mann den Tresen wischen sehen.

»Das gibt es doch nicht«, flüstert Kessie. »Das ist nicht Sultan, oder?«

»Doch«, sagt Nazim.

»Da steht er«, sagt Kessie, »wie eh und je.«

»Willst du Hallo sagen?«

»Nein«, sagt sie und dreht sich zu ihm, zieht Nazim am Arm zu sich herunter und küsst ihn. Da sind überall Haare, keine Stoppeln, sondern lange Barthaare, die sich wie ihre Schamhaare anfühlen, nur, dass sie sie jetzt im Gesicht hat.

Sie muss grinsen.

»Was ist?«, flüstert Nazim.

»Nichts«, sagt sie und küsst ihn wieder. Sein Mund kommt ihr so klein und zart inmitten dieses Dschungels vor, seine Zunge wie ein frisch geschlüpfter Vogel, der aus dem Nest gefallen ist und sich nun blind vorantastet. Eine Weile stehen sie da und küssen sich, irgendwann gehen sie schweigend zurück zum Wasser, Nazim berührt ihre Hüften, streichelt ihr den Rücken, jeden Meter, den sie gehen, etwas leidenschaftlicher, bis sie wieder vor der alten Ente stehen. Die Sonne ist verschwunden.

»Wollen wir zu dir?«, flüstert er.

»Später«, sagt sie und klettert auf den Rücksitz. Dort zieht sie ihm sein T-Shirt aus, die Luft im Wagen ist feucht. Sie hat in all der Aufregung die frisch gekauften Kondome vergessen, aber er hat eins dabei, geschickt streift er es sich über, nachdem er eine ganze Weile mit seiner weichen, kleinen Zunge zwischen ihren Beinen war. Kessie ist gekommen, aber auf eine seltsame Art, ein Schulkindorgasmus, als hätte nicht Nazim, sondern sie sich ganz allein zum Höhepunkt gebracht. Er dreht sich auf den Rücken, sie setzt sich auf ihn, und tatsächlich schmerzt es zuerst ein wenig, aber zugewachsen ist sie nicht – und als sie anschließend müde nebeneinanderliegen und Nazim das Fenster runterkurbelt, weht vom Fluss her der Duft der Brombeerblüte herein – sauber riecht diese Pflanze und zugleich wild.

Charly ist müde, sie kriegt die Augen kaum auf, der Hunger und die Übelkeit der letzten Wochen haben ihr zugesetzt. Dass sie es geschafft hat, um acht Uhr früh in einer Beratungsstelle in Ostberlin zu sitzen und vorher noch Anno den Hund vorbeizubringen grenzt an ein Wunder. Wie ausgeschlafen und aufgeräumt hingegen die Ärztin wirkt, blond und jung ist sie und trägt einen gebügelten weißen Kittel.

»Guten Morgen. Sie sind heute zur Schwangerschaftskonfliktberatung hier, richtig?«

Charly nickt.

»Die Schwangerschaftskonfliktberatung ist erforderlich, damit Sie Ihre Schwangerschaft straffrei abbrechen können. Meine Aufgabe ist es, Sie darüber aufzuklären, was auf Sie zukommt, wenn Sie die Schwangerschaft abbrechen wollen, aber auch Möglichkeiten aufzuzeigen, sollten Sie sich für das Kind entscheiden. Zunächst einmal«, sie blättert in ihrer Akte, »warum wollen Sie die Schwangerschaft abbrechen?«

»Ich weiß nicht, einfach so«, sagt Charly. Musik dringt durch das gekippte Fenster. Am anderen Ufer der Spree stehen Sitzmöbel, aus Paletten zusammengezimmert, fast eine Art Mini-Arena, Leute tanzen in der Mitte, einige schwimmen nackt im Fluss. Am liebsten würde Charly einfach nur »Ciao!« sagen, das Fenster aufreißen und sich von hier oben aus in die Fluten stürzen. Früher hat sie das gemacht, nicht so dramatisch mit einem Fenstersturz, aber die Wochenenden durchgefeiert – tanzend, ohne Zeitgefühl –, oft auch ganze Sommer durch, hat sich von den Wellen der Stadt tragen lassen, von Nacht zu Nacht, von Party zu Party, bis ihr Körper kapituliert hat. Lange Zeit versuchte sie, die Partyphase zu verlängern, indem sie statt Alkohol nur noch Wasser trank, um sich nicht tagelang von einer einzigen Nacht erholen zu müssen, dann ging sie dazu über, morgens auszugehen, nach dem Joggen trank sie einen Smoothie, duschte und tanzte sich danach auf einem kleinen Rave locker, aber irgendwann fand sie es albern, sich unter Leute zu mischen, und es begann sie anzuöden, und inzwischen geht sie gar nicht mehr auf Partys, sie hat das Feiern über, sie hat so viel und so intensiv gefeiert, dass es für ein ganzes Leben reicht. Vielleicht ist es doch die richtige Zeit – für ein Kind? Muss ja, was man so hört, auch eine Form von Party sein, von der man ständig übermüdet und kaputt ins Bett fällt.

»Wie ist denn Ihre derzeitige Lebenssituation?«

Charly fährt sich durch die Haare, reibt sich die Augen. Ihre Lebenssituation ist so, dass Tristan nach dem Besuch bei der Gynäkologin zu seinen Eltern an den Comer See gefahren ist. Eine Postkarte hat er geschickt: *The beginning is the END is the beginning,* stand darauf. Vincent ist wieder mit seiner Frau zusammen, sie ziehen jetzt ins Allgäu – zumindest, solange die Kinder noch nicht schulpflichtig sind. Weil das sei vielleicht das Problem, dass sie einfach mal rausmüssten aus diesem Berlin, diesem *Moloch,* meinte Vincent, der nämlich verantwortlich sei für sein Familienglück-Unglück. Die Kinder sollten Gras riechen und im Heu spielen, dann werde alles gut. Ihre Lebenssituation ist die, dass Leander heute eigentlich hier neben ihr sitzen sollte, aber vor einigen Tagen meinte, er könne sie auf keinen Fall zu diesem Beratungstermin begleiten, das sei ihm alles zu viel. Dann stand er heute früh plötzlich vor der Tür, kroch zu ihr ins Hochbett, weinte und flehte sie an, dieses Kind nicht zu bekommen. Er hat ihr Gesicht berührt und geküsst, erst zärtlich und sanft und dann immer leidenschaftlicher, und dann hat er sich auf den Bauch gelegt und ihr sein Hinterteil entgegengestreckt, und Charly war das ganz recht, denn ihr war nicht nach Penetration zumute, also hat sie im Schmuckwinkel nach der Kiste mit dem Sexspielzeug gesucht und fast hätte sie Leander einen Gummikauknochen mit Noppen zur natürlichen Reinigung der Hundezähne eingeführt. Ach, Bubba. Wie er sich den Hals verdreht hat, um nach ihr zu schauen, als Anno ihn ins Auto verfrachtet hat, um ihn zur Tierarztpraxis zu bringen. Schnell ruft sie sich das Geräusch des vibrierenden *Rude Boy* in Erinnerung – *Bssssss*, wie ein angenehmer Tinnitus, dieser leise Strom, der Leander durch den Körper fuhr, während er sich vor ihr auf der Matratze wand, sie musste ja auch gar nicht viel machen, nur festhalten – wie ein kleines Laserschwert, dachte sie, Leander zitternd in seinem *Star-Wars*-T-Shirt, es fehlte nur noch die schwarze Atemmaske, dann wäre es Mottosex gewesen, und dann ist er glücklich in ihren Armen weggedöst und auch darüber war sie ganz froh und ist alleine los.

»Haben Sie vielleicht einen Kaffee?«, fragt Charly.

»Kaffee?« Die Ärztin blickt Charly erstaunt an. »Nein, wir sind eine Arztpraxis.«

»Ach so. Ich dachte, das wäre eine Beratungsstelle.«

»Sie bekommen nach unserer Unterhaltung hier den Beratungsschein. Danach dürfen Sie den Schwangerschaftsabbruch straffrei durchführen lassen. Aber vorher müssen Sie mir noch ein paar Fragen beantworten. Also, wie ist Ihre derzeitige Lebenssituation?«

»Meine Lebenssituation ist wahrscheinlich kompliziert«, sagt Charly. »Ich lebe in keiner festen Partnerschaft, wenn Sie das meinen.«

»Wie ist Ihre finanzielle Situation? Was arbeiten Sie?«

»Ich bin Schauspielerin.«

»Spielen Sie Theater?«, fragt die Ärztin.

»Mehr Film.«

»Da verdient man doch sehr gut.«

»Ich habe lange nicht mehr gearbeitet. Frauen ab 40 werden nicht mehr besetzt. Nur, wenn sie lange Haare und schöne Zähne haben.«

»Ein Kind passt trotzdem nicht?«

»Nein, ich glaube nicht. Ich habe erst vorgestern für eine große Rolle vorgesprochen, das erste Mal seit Jahren. Vielleicht wird das was, erfahre ich in den kommenden Tagen.«

»Dann ginge es doch finanziell.«

»Ja, aber zeitlich nicht. Ich kann schlecht schwanger drehen. Und ich will auch kein Kind.«

»Was sagt der Vater?«

»Ich denke, ich habe meine Entscheidung schon getroffen«, sagt Charly, »ich habe für kommenden Dienstag schon einen Termin gemacht. Für den Eingriff.«

Die Ärztin nickt gnädig, füllt einen Zettel aus und stempelt ihn ab. Charly schaut auf ihre Hände. *Kauf endlich Kotbeutel!*, steht da, hat Grit ihr gestern draufgekritzelt und ein Herz daneben gemalt. Kotbeutel. Kot. Beutel. Bubba.

Ein dicker Kloß sitzt ihr im Hals – ach was, ein Messer,

jemand hat es ihr von der Seite hinter den Adamsapfel geschoben, den haben nämlich nicht nur Männer. Die Ärztin reicht ihr den Zettel.

»Geht es Ihnen gut?«, fragt sie und legt den Kopf schief.

»Ja, alles in Ordnung.«

»Noch ist doch gar nichts entschieden.«

»Doch«, sagt Charly leise.

»Sie haben noch Zeit.«

»Nicht ich. Mein Hund.«

»Was denn für ein Hund?«

»Bubba. Mein Hund. Der ist gerade beim Tierarzt und wird kastriert.«

Die Ärztin rückt ihren Stuhl zurecht.

»Ja? Mein Hund hat das auch vor Jahren hinter sich bringen müssen. Der kam nicht klar mit anderen Rüden.«

»Echt! Genau wie meiner!«, sagt Charly.

»Keine Sorge, das ist kein großer Eingriff. Ich habe das damals im Studium mal gesehen. Bei Hündinnen ist das viel komplizierter. Und es wirkt, seitdem ist mein Hund tatsächlich umgänglicher.«

Sie holt ihr Handy raus. »Schauen Sie. Das ist Tuco.«

Charly grinst. »Bubba ist auch so ein Riese.«

Die Ärztin verlässt den Raum und kommt kurz darauf mit einer Tasse Kaffee zurück. Aus einer Schublade holt sie eine Packung Kekse hervor.

»Danke«, sagt Charly.

»Ich wollte auch mal Schauspielerin werden«, sagt die Ärztin nach einer Weile. Sie knöpft sich den Kittel auf und nimmt sich einen Keks. »Wir haben im Theaterkurs *Ein Traumspiel* von Strindberg inszeniert, das hat mir so viel Freude bereitet. Ich habe die Hauptrolle gespielt.«

Charly hebt die Tasse Kaffee an, pustet. »Indras Tochter.«

»Genau. Ich habe mich nach dem Abitur auf allen Schauspielschulen beworben, bin aber immer in der ersten Runde rausgeflogen. Auf welcher Schauspielschule waren Sie?«

Kurz sieht Charly die junge Ärztin zitternd auf einer Probebühne stehen und in die typischen Vorsprechrollen schlüpfen, das *Gretchen* und das *Käthchen*, und die Enttäuschung in ihren Augen, als die Männer vor ihr etwas Gemeines sagen, wie Dieter Bohlen bei DSDS, da gibt es nämlich keinen großen Unterschied.

»Ernst Busch.«

»Meine Güte, da müssen Sie ja wahnsinnig talentiert sein. Die nehmen nur die Besten. Moment mal, jetzt weiß ich, wer Sie sind! Sie haben doch bei dieser Weltraum-Serie mitgespielt?«

»Ja, *Schwarzer Schmetterling*«, sagt Charly.

»Genau, so hieß die. Das war lustig, aber auch sehr tiefgründig und traurig.«

Charly tunkt einen Keks in den Kaffee. »War eine Dramedy.«

»Dramedy«, sagt die Ärztin, »was es alles gibt.«

»Kennen Sie *Frühlings Erwachen* von Wedekind?«, fragt Charly.

»Ja, da war ich mal als Studentin drin. In Mannheim. Tolles Stück.«

»Ich habe mal eine Inszenierung hier am Berliner Ensemble gesehen«, sagt Charly. »Ich musste in letzter Zeit oft an diese Schmittin denken, die sich über Wendla beugt, und wie Wendla dann am nächsten Tag tot ist.«

»Aber nein«, sagt die Ärztin, »ein Abbruch unter Narkose ist ein noch kleinerer Eingriff als die Kastration beim Rüden. Jedenfalls heute. Und hier.«

»Ja, das haben meine Freundinnen auch gemeint«, sagt Charly.

»Sie haben mit der OP die richtige Entscheidung getroffen, glaube ich. Ein Abbruch mit Medikamenten ist mit Schmerzen verbunden. Sie erleben das Ganze wie eine Art Fehlgeburt. Das ist unnötig, finde ich zumindest. Machen Sie sich keine Sorgen, wichtig ist, dass Sie eine Entscheidung getroffen haben, und zwar im Einvernehmen mit sich selber.«

Charly steht auf, am liebsten würde sie die Ärztin umarmen.

»Jetzt fühle ich mich besser. Und sicherer. Danke.«

DOGVILLE

Kessie: Wie ist es gelaufen?
Charly: habe den beratungsschein. am dienstag ist der termin
Kessie: Was für ein Termin?
Charly: für die abtreibung.
Kessie: Richtig. Entschuldigung. Hatte nur an Bubbas OP gedacht. Hier ist sehr viel los gerade. Sonntag bin ich wieder da. Wenn du willst, begleite ich dich.
Charly: das wäre mega aber du hast noch gar nicht erzählt wie der geburtstag geendet ist wie oft soll ich dich das noch fragen hehe
Kessie: Bin nicht zugewachsen, so viel ist klar.
Grit: ERZÄHL

Charly:	seid ihr jetzt ein paar????
Kessie:	Quatsch. Ich habe ihn seitdem gar nicht mehr gesehen. Keine Zeit, kein Nerv.
Charly:	wow du abgeklärte fotze i love it
Kessie:	Gedacht habe ich viel an ihn.
Grit:	Also doch romantische Gefühle ...
Kessie:	Weiß nicht. Früher wollte ich den ganzen Blödsinn. Kerzenschein. Ein raues Liebeslied. In seinen Armen liegen. Muss nachdenken. Komme einfach sehr gut allein zurecht. Möchte das nicht einfach so aufgeben, nur weil es üblich ist.
Charly:	recht hast du männer sind wie legale drogen überall verfügbar und deswegen besonders schädlich
Grit:	@charly Oha...neue Töne. Was ist jetzt.... kommst du in den Garten?
Charly:	Ja. Ist Anno da?
Grit:	Ja...der wartet hier auf Abruf...um Bubba abzuholen. Hat die Tierärztin sich schon gemeldet?
Charly:	noch nicht aber macht sie bestimmt demnächst
Kessie:	@grit Viel Glück weiterhin im Garten und dass alles glattgeht mit der Übernahme. Freue mich schon sehr.
Grit:	Wir auch...danke!

Wüst sieht der Streifen neben dem Zaun aus, Stauden und Päckchen mit Zierblumen stehen auf dem Rasen und warten darauf, in die Erde zu kommen. Manche Pflanzen kommen wie Bierflaschen im praktischen Sixpack. Grit sortiert sie in der Reihenfolge, in der sie in den Beeten stehen sollen: Schachbrettblume, Jungfer im Grünen, Studentenblume, Gauklerblume, Nadelkissen. Anno fährt eine Ladung Humus heran, gemeinsam schaufeln sie ihn auf den trockenen Boden, setzen die jungen Pflanzen ein. Fritz steht schon mit dem Gartenschlauch bereit und gießt die zarten Gewächse mit einem sanften Strahl an.

»Jetzt kommt nur noch die Hecke«, sagt er, »dann sind wir fertig für die Begehung.«

Anno lenkt den Gartenschlauch auf seine nackten Waden.

»Das ist noch viel Zeit, und der Garten ist jetzt schon der schönste in der ganzen Kolonie.«

»Noch nicht ganz«, sagt Fritz. Er stellt das Wasser ab, überquert die Wiese und kommt mit einer Metallkonstruktion wieder, hält sie Grit und Anno hin. PLANTASIA steht da in geschmiedeter Bronze, wie ein übergroßes Namensschild. Fritz hängt es an das Gartentor.

»Wie schön!«, ruft Grit.

»Plantasia«, sagt Anno. »Ein Traum in Grün mitten in der Stadt. Klingt märchenhaft.«

Grit umarmt Fritz. »Ohne dich hätte ich das niemals geschafft. Dafür bin ich dir ewig dankbar. Du hast lebenslang Hausrecht in *Plantasia*. Ich rufe jetzt meine Eltern an. Das ist ein guter Moment.«

Draußen auf dem Schotterweg wählt Grit die Nummer und läuft in Richtung Park am Gleisdreieck. Ihr Herz pocht, sie hat ihre Eltern noch nie um Geld gebeten. Der Vater geht ans Telefon, er klingt am Festnetz immer viel entspannter als auf dem Handy.

»Hallo, mein Schatz.«

»Hallo, Papa. Wie geht es euch und wie geht es Alice? Erholt die Kleine sich weiterhin?«

»Ja! Margot ist gerade bei ihnen. Ich hoffe, Alice kann sich noch etwas ausruhen. So viel alles. Geburt, Hochzeit.«

Grit weicht den Joggern aus, die an der Gartenkolonie vorbei ihre Runden drehen.

»Und, kriegst du den Namen auch nicht über die Lippen?«

»Alfhild Salbjörg. Habe eine bisschen üben müssen, aber inzwischen klappt es ganz gut. Und du?«

»Auch«, sagt Grit, »Alfhild Salbjörg, wie klingt das?«

Sie hört den Vater durchs Telefon lachen, alt klingt seine Stimme.

»Perfekt. Der Name wirkt jedenfalls. Es geht der Kleinen gut, sie wächst und gedeiht. Es stehen ja so einige Veränderungen an. Gut, dass wir sprechen, ich hätte dich heute eh angerufen.«

»Wieso, was denn?«

»Wir werden Alice und Dirk das Haus schenken. Zur Hochzeit.«

Die U-Bahn donnert über die Brücke, Grit hält sich das freie Ohr zu.

»Das Haus? Du meinst, unser Haus?«

»Genau genommen ist es mein Haus und das deiner Mutter. Aber wir dürfen erst mal darin wohnen bleiben, bis wir umziehen können. Nett, oder? Kleiner Scherz, also, nur, dass du es weißt. Wie findest du das?«

Grit zögert. »Finde ich in Ordnung. Das Haus ist ja eh viel zu groß für euch beide.«

»Ein Glück. Ich hatte schon Einwände befürchtet. Sie können ja nicht ewig in dieser kleinen Wohnung in Düsseldorf bleiben mit drei Kindern. Und dein lieber Schwager in spe zahlt natürlich seinen Anteil für das Haus. Ist schon alles unter Dach und Fach. Ich zeige dir den Kaufvertrag, wenn du zur Hochzeit kommst. Und den lassen wir gemeinsam notariell beglaubigen.«

»Papa«, sagt Grit, »ich wollte auch etwas mit dir besprechen. Es geht um Geld, aber das passt vielleicht ganz gut, jetzt, wo ihr Alice das Haus vermacht.«

»Was denn, mein Schatz?«

»Ich will den Garten kaufen. Wir haben die letzten Wochen sehr viel Arbeit reingesteckt. Er ist ziemlich teuer. Du weißt ja, wie die Preise hier angestiegen sind. Die Leute würden alles zahlen für ein bisschen Grün in der Stadt.«

»Verstehe. Wie viel kostet der Garten?«

»40 000 Euro.«

»Donnerwetter. Das ist eine Menge Geld.«

»Könntet ihr einspringen? Sobald der neue Roman erscheint und ich auf Lesereise gehe, kann ich euch zumindest einen Teil zurückzahlen.«

»Schatz, das ist ein denkbar schlechter Zeitpunkt. Ich kann ja nicht meine beiden Töchter gleichzeitig auszahlen.«

»Du sollst mich nicht auszahlen. Es ist doch viel weniger als mein Anteil am Haus.«

»Ja, aber das Haus wird anteilig an Dirk verkauft. Und von dem Geld zahlen wir eine Wohnung in Ratingen an. Seniorengerecht. Was für ein Wort. Also, das Geld ist schon verplant, das ist unser Startkapital für den Kredit. Und wenn wir mal nicht mehr sind, erbst du die Wohnung. Wirst sehen«, sagt der Vater, »die ist irgendwann so viel wert, da kannst du dir zehn Gärten von leisten.«

»Ja, aber ich will gar keine Wohnung in Ratingen. Ich möchte diesen Garten und den muss ich jetzt kaufen. Wieso denkt ihr da nur an Alice und nicht auch mal an mich?«

»Meine Große, Alice ist doch in einer völlig anderen Situation. Sie hat Kinder, eine Familie zu ernähren. Ich wünschte, ich könnte euch beiden helfen, aber ich muss da priorisieren.«

»Verstehe.«

Langsam läuft Grit den Schotterweg zurück zum Garten, sie sieht Annos Kopf hinter der Hecke, rot und ehrgeizig. Fritz kommt mit einer riesigen Heckenschere vom Nachbargrundstück, winkt ihr zu, streckt einen Daumen in die Höhe.

»Es tut mir leid, mein Schatz.«

»Ja, mir auch«, sagt Grit. »Wir haben so viel Arbeit in den Garten gesteckt.«

»Ich kann dir 5000 Euro geben. Davon könntet ihr einen Makler bezahlen und euch endlich eine schöne Wohnung mieten. Ich muss jetzt los, Liebes, ich muss noch ein paar Sachen einkaufen für das Mittagessen. Wir sehen uns dann nächste Woche. Es ist auch ein Geschenk von dir. Das Haus. Zur Hochzeit. Also, kauf nichts für die beiden, ein Waffeleisen oder so etwas. Aber machst du ja eh nicht, du Minimalistin.«

Grit legt auf. Eine Weile steht sie da auf den heißen, spitzen Steinen. Kleine Pollen, wie winzige Wattebäusche, schweben in der Luft. Das Telefon liegt viel zu warm in ihrer Hand, wie eine eitrige Wunde klopft ihr Herz in ihrem Brustkorb, Hitze steigt in ihr auf, heiße Tränen wie die einer Vierjährigen, und ein dumpfes Grollen, genau wie das von Bubba letzte Woche, bevor er dem Dalmatiner vor der Arztpraxis beide Ohren tackerte – tief und wütend steigt es aus ihren Eingeweiden hoch.

Anno schaut über die Hecke. »Und?«

Grit schleudert im hohen Bogen das Telefon in die Büsche und brüllt los, dreht sich dabei wie ein Hammerwerfer um die eigene Achse, all die Hitze brüllt sie heraus, geht in die Knie und schlägt mit den Fäusten wieder und wieder auf die Steine vor ihr ein. Von nebenan kommen zwei kleine Mädchen auf den Schotterweg und laufen schnell zurück in ihre Parzelle, als sie Grit schreien hören. Sie fasst sich mit den Händen in die Haare, alles brennt in ihr vor Wut, als würde sie in Flammen stehen. Anno packt sie an den Schultern.

»Was ist los?«, brüllt er, »sag sofort, was ist! Ist irgendwas mit Alfhild?«

Grit hält inne und starrt ihn an. Sein verschwitztes Haar klebt ihm im Gesicht und auf der linken Wange zieht sich ein Streifen Dreck bis zum Kinn. Sie drängt sich wortlos an ihm vorbei, sucht in der Hütte den Eierlikör, den sie seit Ostern hier gebunkert hat, und gießt ihn in das Wasserglas neben ihrem Frühstücksteller. Anno läuft ihr hinterher.

»Kannst du mal bitte sagen, was los ist? Was haben deine Eltern gesagt?«

Grit trinkt stumm das Glas aus. »Brauchst nicht weiter zu pflanzen«, ruft sie Fritz zu, der sich neben das Blumenbeet gestellt hat und sie ansieht, als wäre sie ein wildes Tier, das jederzeit angreifen könnte. »Der Garten geht an ein Architektenpaar aus Mitte. Meine Schwester kriegt unser Haus geschenkt. Das ist los.«

»Na und? Deswegen machst du so einen Aufstand?«

»Sie können mir das Geld für den Garten nicht leihen«, sagt Grit, »weil sie sich stattdessen eine Wohnung kaufen.«

Anno umarmt sie. »Das tut mir leid«, sagt er. »So ein blödes Timing.«

Fritz kommt langsam herüber, setzt sich an den Tisch und nippt an Grits Eierlikör. »Der Garten wird verkauft?«, fragt er leise.

Grit nickt und gießt sich nach.

»Können wir trotzdem bitte wie normale Leute frühstücken?«, sagt Anno.

Er verteilt Brötchen auf den Tellern, rückt Käse und Marmelade zurecht.

»Ein Viertel des Betrags kann ich dir leihen«, sagt Anno.

»Was soll ich bitte mit einem Viertel?«, ruft Grit. »Ich habe keinen Cent! Ich habe mein ganzes Erspartes in den letzten Monaten aufgebraucht. Ich habe geschrieben und hier geackert und mich nur von Müllessen ernährt. Und DVDs und Bücher bei Momox verkauft, wenn ich mal Öl oder Nüsse brauchte.«

»Jetzt hör auf«, sagt Anno und hält ihr sein Handy hin. »Schau mal hier.«

Grit hofft auf Hundecontent, aber da sind nur Fotos von einer Wohnung zu sehen.

»Im Herbst wird die frei«, sagt Anno, »hat mir eine Kollegin geschickt, es wird auch nur eine ganz moderate Mieterhöhung geben. Drei Zimmer, Küche, Bad, Balkon. Da kannst du auch gärtnern.«

 »Pff.«

»Ein Schlafzimmer, ein Wohnzimmer und ein Arbeitszimmer, das können wir uns teilen, das ist recht groß, schau mal.« Anno wischt auf dem Telefon herum.

»Ich will kein Schlaf- und Wohnzimmer.«

»Okay, was willst du dann«, sagt Anno, »ein eigenes Zimmer?«

Sie nimmt die Eierlikörflasche und betritt barfuß den Rasen. »Ich will das hier.«

Anno steckt das Telefon weg. »Du wusstest, dass es sein kann, dass du nach einem Monat hier rausmusst. Alles andere war nur eine Option.«

»Ich gebe diesen Garten keinem Kackpärchen, das seine Elternzeit auf Bali verbringt. Die haben den nicht verdient, ich schon.«

Anno steht auf. »Grit, gib mir jetzt die Flasche«, sagt er, aber Grit ist schneller, sie trinkt und läuft zu den Beeten. Die kleine Chia weicht ihr aus und springt zu Quinoa auf das Bettgestell. Fritz nimmt sich die Heckenschere, flüchtet durch das Gartentor und macht sich von außen am Liguster zu schaffen.

»Dinge ändern sich. Das hat auch was Gutes. So ein Angebot kriegen wir nie wieder.«

»Warum ist Veränderung was Gutes? Weil man das so sagt?«

»Na, weil wir uns dadurch weiterentwickeln«, sagt Anno.

»Was sind das bitte für beknackte Kalendersprüche?«, ruft Grit. »Ich mag mein Leben, wie es ist. Ich brauche keine Entwicklung, von mir aus muss in meinem Leben rein gar nichts passieren. Diese Ereignislosigkeit, dieses Leben ohne Drama ist doch das, was alle heimlich wollen. Deshalb schließen sie sich doch alle irgendwann in so einem Haus ein, mit Kindern, Partner und Hund, nur blöd, dass daraus immer so ein völlig irres Kammerspiel wird.«

»Mein Gott, du machst mich wahnsinnig!«, brüllt Anno. »Es kann doch jeder machen, was er will. Wieso musst du das Familienleben immer so schlechtmachen?«

»Ich mache nichts schlecht. Mich kotzt nur diese Hierarchisierung von Lebensstilen an. Weil Alice Kinder hat, wird sie bevorzugt. Niemals würde jemand auf die Idee kommen, ihr das Haus streitig zu machen. Nicht mal ich. Aber doch nur, weil wir es alle so verinnerlicht haben, dass Familienleben das Allerwertvollste ist, und das ist einfach kompletter Bullshit.«

»Grit, es ist völlig realitätsfremd, im Garten leben zu wollen. Deswegen gibt dir dein Vater kein Geld, nicht, weil du keine Kinder hast!«

»Wieso das?«

»Es gibt im Winter kein Wasser, zum Beispiel. Wie willst du dich waschen? Zähne putzen? Am Teich hinterm *Café Eule*? Willst du eine von diesen Ollen werden, die den ganzen Tag mit ihrem Fahrrad rumfahren, Müll sammeln, die Krähen füttern und vor sich hin brabbeln? Wie die Obdachlose, die Katzen im Kinderwagen auf dem Friedhof spazieren fährt und nachts im Bruce-Lee-Park schläft?«

»So ein Quatsch, ich hasse Katzen!«, schreit Grit.

»Du wirst echt immer kauziger, Grit, ich erkenne dich nicht wieder, diese verdammten Launen. Kaum auszuhalten.«

»Raus hier«, sagt sie, sie hält die Flasche mit dem Eierlikör in den Händen wie einen Baseballschläger, den sie Anno jeden Moment über den Kopf ziehen könnte.

 Er macht einen Schritt zurück. »Willst du mich aus

meinem eigenen Garten werfen?«, fragt er, aber Grits Wut ist groß, größer als Anno, größer als der Birnbaum, größer als der Fernsehturm, dessen Spitze hinter der Kolonie hervorragt – größer als alles.

»Raus«, sagt sie wieder und da dreht Anno sich kopfschüttelnd um und geht.

Triumphierend schaut Grit ihm hinterher und kurz fühlt sie sich wie eine Frau mit Superkräften, wie Carrie, als würde eine telekinetische Energie das Tor hinter Anno zuschlagen. Ihr Kopf glüht, eine schwere Hitze geht von ihm aus, aber Grit wehrt sich nicht, sie lässt ihren Kopf leuchten wie eine helle Lampe, die ihr das Versprechen gibt, sie ab jetzt durch düstere Zeiten zu führen. Die Eierlikörflasche gleitet ins Gras, Grit breitet die Arme aus und legt den Kopf in den Nacken. Rot glüht die Sonne durch ihre Lider. *Waa-Waa*, macht der Pfau hinten in den Beeten. Sie tastet ihre Jeans ab. »Wo ist mein Telefon?«

Fritz schaut über den Liguster. »Äh, das hast du eben in die Büsche geworfen«, sagt er.

»Richtig. Anno?«

»Den hast du rausgeschmissen.«

»Stimmt.«

Barfuß tappt sie über die Wiese, schlüpft in ihre Crocs und verschwindet auf dem Schotterweg in den Büschen.

DOGVILLE

Charly: tierärztin hat grad angerufen bubba geht es gut OP ist gut gelaufen ich bin so erleichtert

Kessie: Prima. Freut mich zu hören.

Charly: @grit sagst du anno bescheid? er kann bubba jetzt abholen

Kessie:	Muss jetzt hier weitermachen. Die nächsten Tage werden stressig. Nicht wundern, wenn ich abtauche. Ich melde mich spätestens, wenn ich Sonntag wieder in Berlin bin.
Charly:	ok ilo veyou

Charly schlendert über die Brücke ans andere Ufer der Spree. Frei und leicht bewegen sich die Menschen in der Sonne, noch immer tanzt eine Handvoll junger Leute zwischen den Palettenmöbeln am Wasser, manche oben ohne, zwei Männer stehen auf einem Holzstapel, Silberketten verbinden ihre gepiercten Brustwarzen. Einer der beiden winkt Charly zu, bedeutet ihr, zu ihm zu kommen. Charly stellt ihr Fahrrad ab, geht auf die wogende Masse zu, die sie von dem gepiercten Mann trennt, sie stellt sich vor, wie sie von ihr im Nu eingehüllt wird, sich dankbar aufnehmen lässt, hineingleitet wie Plankton ins Maul eines riesigen Wals, aber als der Mann mit der Kette um die Brustwarzen lächelt und Charly seine Zähne zeigt – weiße, aneinandergereihte gerade Zähne –, da überlegt sie es sich anders, dreht um, nimmt ihr Fahrrad und schiebt es am Fluss entlang in Richtung Westen. Das Wasser trägt kühle Luft zu ihr und sie spürt eine sanfte Brise im Rücken, als sie an der Möckernbrücke den Kanal überquert und durch den Park am Gleisdreieck radelt. Ich treibe ab und fange noch mal ganz neu an, denkt sie. Abtreiben, irgendwie hat das Wort etwas Schwereloses, als würde das Richtige ganz ohne ihr Zutun passieren. Wer weiß, vielleicht wird sie nun all die Pläne endlich verwirklichen, von denen sie schon so lange träumt, endlich ein eigenes Theaterkollektiv gründen, eigene Stücke schreiben, Solostücke, nur für sie. Sie könnte ein Parfüm entwerfen, warum denn nicht? Andere kochen auch nur mit Wasser. *Wanted* oder *Wuff*, das Parfüm für die Hündin von heute, auf jeden Fall besser, als darauf zu warten, so berühmt zu werden, bis jemand sie bittet, das Gesicht einer Parfümkampagne zu werden. *Wanted*, sie könnte nur noch sich selber wollen.

Die Hecke ist kurz. Charly kann über sie hinweg in den Garten sehen, als sie vom Park aus in die Kolonie abbiegt. Fritz steht auf dem Rasen und wirft den beiden Pfauen Futter hin. Sie schiebt ihr Fahrrad wie ein bockendes Pony über die dicken Baumwurzeln. Etwas raschelt im Unterholz, sie dreht sich um, bückt sich, um besser sehen zu können. Grit krabbelt zwischen den jungen Bäumen herum, tastet den Schotter ab, Laub hängt in ihren Haaren.

»Was machst du?«

»Ich habe mein Telefon weggeworfen.«

»Dein Telefon? Warum das denn?«

Grit steht auf und klopft sich Erde von den Hosenbeinen.

»Ich hatte einen Wutanfall, da habe ich es weggeworfen.«

»Und Anno?«

»Der ist schon unterwegs zur Tierärztin. Ich kann den Garten nicht behalten. Meine Eltern geben mir kein Geld.«

»Was?«

Fritz schlurft mit hängenden Schultern zur Hollywoodschaukel.

»Das ist ja schrecklich«, sagt Charly und setzt sich.

»Ja«, sagt Grit, »willst du Eierlikör?«

Charly zuckt mit den Schultern. »Ja, warum nicht.«

Auch Fritz schiebt Grit wortlos sein Glas hin. Aus dem

angrenzenden Garten sind helle Stimmen zu hören. Jetzt, wo die Hecke getrimmt ist, sieht Charly eine rote Holzhütte, die über und über mit wildem Wein bewachsen ist. Zwei Mädchen stolpern heraus, sie halten Puppen in den Armen, die fast so groß sind wie sie selbst. Eines der Mädchen hat ein großes Pflaster auf dem rechten Auge. Sie staunen, als sie die Pfauen sehen, wenden sich aber dann erneut ihrem Spiel zu. Immer wieder laufen sie in die Hütte, holen Kekse, Decken und noch mehr Stofftiere und Puppen. Das reinste Arsenal – langsam entsteht eine Krankenstation zur Pflege dieser Puppen. Auch ihre Gummistiefel haben die Mädchen geholt, sie nebeneinander unter den Palettentisch in der Ecke des Gartens gestellt, wahrscheinlich falls das Unwetter kommt, damit sie ihre Patientinnen nicht allein lassen müssen. Die eine hat einen Arztkoffer dabei, hängt sich das Stethoskop um, die mit dem zugeklebten Auge setzt sich einen Stirnreflektor auf den Kopf. Mit gespreizten Beinen liegt eine der Babypuppen auf dem zusammengezimmerten Sperrmüll, der als Behandlungstisch dient, die Mädchen beugen sich darüber. Charly kann kaum hinschauen, wie sie ihr am Schritt herumwischen, ihr eine Windel anziehen – als würde sie unfreiwillig einen Porno schauen, und gleichzeitig fühlt sie sich schamvoll erinnert an die Zeit, in der sie selbst noch mit Puppen gespielt hat. Sechsjährig hockte sie auf dem Flokatiteppich in ihrem Kinderzimmer, um sie herum Babykochgeschirr, das vor wenigen Jahren noch für sie selbst benutzt worden war, im Arm das riesige Plastikbaby mit Loch im Mund, damit man ihm den harten Plastiknippel vom Fläschchen einführen konnte.

 »Wer ist eigentlich wer?«, fragt Charly.

Grit zuckt mit den Schultern. »Ich kenne die Nachbarn noch nicht. Kann ja jetzt erst rüberblicken.«

»Ich meine die Pfauen. Wer ist Chia, wer Quinoa?«

Fritz steht auf. »Chia ist der Hahn und Quinoa die Henne.«

Er steckt die Hand wieder in den Leinenbeutel, wirft eine Handvoll Futter, Chia gibt sein *Waa-waa* von sich, die Mädchen sind jetzt doch interessiert, sie strecken ihre kleinen Körper und schauen zu Chia, der mit seiner langen Schleppe viel interessanter ist als die kleine Quinoa, die nur oben auf dem Kopf eine kleine Federkrone hat und im Schatten ihres Gatten bescheiden Haferflocken pickt.

»Dürfen wir sie füttern?«, fragt eines der Mädchen. Sie steckt die Hand durch einen Spalt in der Hecke. Fritz lässt Brotkrumen und Haferflocken in die kleinen Hände rieseln – die Mädchen werfen sie ungelenk auf den Boden, aber Chia kommt trotzdem heranstolziert und Fritz macht ihm Platz. Chia biegt den langen Hals immer wieder und pickt die Krumen weg, als wäre dieses Futter völlig minderwertig für ihn.

»Frisst euer Hund die Pfauen nicht?«, fragt das andere Mädchen, ihre riesige Zahnlücke wird sichtbar, die beiden Schneidezähne fehlen. »Ihr habt doch einen Hund, oder? Wir haben ihn bellen gehört.«

»Nein, der frisst die nicht«, sagt Charly.

»Ist der lieb?«

»Ja. Klar ist der lieb.«

»Wo ist er?«

»Er wird kastriert«, sagt Charly. »Wisst ihr, was das heißt?«

Die Mädchen schütteln synchron den Kopf.

Charly räuspert sich. »Das ist, wenn einem Hund die Eier abgeschnitten werden. Die Hoden. Das ist der Sack am Penis. Euer Papa hat bestimmt so was. Also, ganz sicher.«

Das Mädchen mit dem Pflaster starrt Charly mit offenem Mund an, es trägt eine dicke Kinderbrille und hat schon die ganze Zeit den Mund auf, so als könnte es nicht richtig durch die Nase atmen. Schon oft hat Charly solche Kinder an sich vorbeigehen sehen, die Brille, das Pflaster, der markant offene Mund. Sie würde gern fragen, warum ihr Auge zugeklebt werden muss, will dem Kind aber nicht zu nahetreten.

»Könnt ihr machen, dass der Pfau seinen Schwanz aufstellt?«, fragt das andere Mädchen.

»Nein, befehlen kann ich es nicht«, sagt Fritz.

»Aber er soll seinen Schwanz aufstellen«, sagt jetzt auch das andere Mädchen.

Fritz tritt an die Hecke und geht ein bisschen in die Knie. »Chia ist auch ohne Schleppe wunderschön. Schaut, wie seine Federn in der Sonne glänzen, die Farben, wie sie schillern, seine eleganten Bewegungen, seine kleinen Stecknadelaugen. Wie anders er aussieht als wir Menschen, und doch ist er wie wir.«

»Wieso denn wie wir?«, fragt das Pflastermädchen und starrt Fritz mit offenem Mund an.

»Tiere sind wie Menschen, sie fühlen wie wir.«

Das Mädchen mit der Zahnlücke hebt die kleinen Hände hoch und faucht. »Ich bin eine Katze!«

»Siehst du. Sie haben ähnliche Bedürfnisse wie wir. Sie
 wollen Freunde haben, spielen und Spaß am Leben ha-

ben, sie wollen Essen und Sicherheit. Wir waren ja alle mal Tiere. Vor vielen Millionen Jahren, sie sind unsere Ahnen.«

»Was sind Ahnen?«

»Ahnen sind so was wie Verwandte. Dein Ururgroßvater ist dein Ahne. Aber weißt du was? Vor einigen Millionen Jahren waren wir Affen und davor Vögel.«

»Wir waren Vögel?«

»Ja«, sagt Fritz und lächelt, »wir waren einmal Vögel.«

»Und davor?«

»Waren wir Frösche.«

»Und davor?«

»Fische.«

»Und davor?«

»Ganz kleine Tiere im Meer.«

»Und davor?«

»Jedenfalls«, sagt Fritz und richtet sich wieder auf, »wollen sie genau wie wir schön gefunden werden.«

Eine Weile betrachten die Mädchen den Pfau, der inzwischen wieder am Rand der Hecke Grashalme zupft, aber schließlich verlieren sie die Geduld und wenden sich wieder ihren Puppen zu. Fritz geht in die Hütte und kommt mit mehr Eierlikör zurück zur Hollywoodschaukel.

»Könnt ihr euch vorstellen, dass ich früher genauso leidenschaftlich mit Puppen gespielt habe wie die beiden?«, sagt Charly.

»Ich auch«, sagt Grit. »Ich habe die Mutterrolle als Sechsjährige ganz selbstverständlich angenommen. Aber je älter ich wurde, desto weniger Spaß hat es gemacht, so zu tun, als würde ich mich um Kinder kümmern.«

»Genau«, ruft Charly. »Je näher die Möglichkeit, Mutter

zu sein, in der Realität herangerückt ist, desto absurder fand ich den Gedanken, Kinder zu bekommen.«

»Gruselig«, sagt Grit, »wie die Mädchen das Muttersein in einer Zeit üben, in der sie selbst noch nicht einmal wissen, wie man Kinder zeugt.«

Fritz sitzt neben Charly, er schaut zu den Pfauen und nippt an seinem Likör. »Du solltest das Bett reinholen«, sagt er zu Grit, »wenn der Regen kommt, ist es im Nu feucht. Die Nässe wirst du aus deiner Matratze nie wieder rausbekommen.«

»Ja«, sagt Grit, »wahrscheinlich.«

»Hast du eine Leiter?«

»Nein.«

»Wie habt ihr denn den Nistkasten angebracht?«, fragt Charly.

Fritz steht auf und klettert in den Birnbaum. »Ihr müsst euch an den Enden des Gestells platzieren, sonst fällt es auf den Rasen. Das will Anno nicht.«

Grit steht auf, Charly folgt ihr. »Wieso musst du immer alles sofort erledigen?«, brummt sie, aber als Fritz das Bett ableint, ist es ganz leicht. Er klettert vom Baum und packt mit auf Charlys Seite an.

»Ich werde das Kind nicht bekommen, keine Sorge«, sagt Charly zu ihm.

»Das heißt, du hast dich schon entschieden?«, fragt Fritz.

Sie nickt. »Ich habe vorhin den Beratungsschein abgeholt.«

Eine Frau betritt den Nachbargarten, sie stellt zwei Joghurts auf den Wickeltisch, die beiden Mädchen stürzen sich darauf, die eine klettert auf den Schoß ihrer Mutter, die andere steht daneben, das Stethoskop hängt ihr um den Hals, sie entfernt den Aludeckel des Plastikbechers, leckt ihn genüsslich ab.

»Eigentlich liebst du doch Babys«, sagt Fritz.

»Aber du nicht.«

»Doch«, sagt er, »ich mag Kinder.«

»Ich denke, du bist Antinatalist.«

»Nein. Was ist das überhaupt für ein Wort?«

Grit zeigt mit dem Finger auf Charly. »Von ihr.«

»Dachte ich«, sagt Charly, »weil du immer sagst, dass Kindern so eine düstere Zukunft blüht. Dass es unverantwortlich ist. Und so.«

»Ja. Stimmt auch. Aber ich wäre gern Vater geworden, nur nicht in der Gegenwart. Und es gab auch nie jemanden, die Frage hat sich nicht gestellt. Keine Person, die mich geliebt hat.«

»Ich liebe dich«, sagt Charly und schaut zu Grit. »Ich meine, wir lieben dich alle. Das weißt du doch, oder?«

»Natürlich«, sagt Grit, »wir lieben dich.«

»Auf diese eine Weise nicht. Ihr wisst schon«, sagt Fritz und schaut Charly unverwandt an.

Die Pfauen kommen auf sie zu, ganz nah wagen sie sich an die Hollywoodschaukel heran. Fritz greift in einen Stoffbeutel, wirft Haferflocken.

»Im Schmuckwinkel ist Platz für ein Kind«, sagt er, »nur, dass du es weißt.«

Wieder wirft er eine Handvoll Flocken auf den Rasen. »Im Schmuckwinkel ist Platz«, sagt er wieder, leise, als wäre es eine Zauberformel, und Charlys Herz fängt an zu pumpen wie ein kleines Kraftwerk.

Die Nachbarschaftshilfe ist da, zu dritt sind sie gekommen, Männer in Blaumännern mit breitem rheinischem Akzent. Der, den sie Dietmar nennen, nimmt sich das Wohnzimmer vor, wirft die Bücher und Fotoalben in große Tüten und bearbeitet das Regal, in dem der Fernseher stand, mit einem Hammer, bis es schließlich in sich zusammenfällt. Im Schlafzimmer werfen die anderen beiden die restlichen Kleider auf einen Haufen und legen Bettwäsche, Handtücher, Nylonstrümpfe, Pantoffeln für Gäste und Schuhe dazu. Sie stopfen alles in Säcke, knoten sie zu und stellen sie in den Flur, dann zerlegen sie den Kleiderschrank, die kaputten Spiegelfronten fallen heraus. Als sie die Bruchstücke nach unten getragen haben, nehmen sie sich Kessies altes Kinderzimmer vor, sie hat es in den letzten Wochen nicht betreten, nur den Koffer hat sie hier gebunkert – ein schmales Bett aus Furnierholz, ein Schreibtisch, Zimmerpflanzen. Kessie steht wenig später in dem leeren Raum, entdeckt auf dem Boden neben dem Fenster den großen pinken Lackfleck, der auf den Teppich geriet, als sie mit 14 ihre Möbel ansprühte. Jahrelang stand dort eine Pflanze, um den Fleck zu verdecken.

Die Männer tragen im Akkord Sperrholzplatten nach unten, blaue Säcke, Küchenmöbel, die alte Mikrowelle und den Einbaukühlschrank, sie werfen sie auf einen Transporter. Kessie hält die Kamera ans Fenster, zoomt heran. Zerkleinert liegen auf der Ladefläche die Relikte von

Dolores' Leben, kreuz und quer durcheinander. Sie läuft durch alle Zimmer und filmt, will diesen Moment, in dem die Kulissen ihrer Kindheit und Jugend abgerissen, die Requisiten entsorgt werden, für sich festhalten. Erleichterung macht sich in ihr breit und das Gefühl, mit jedem verschwindenden Möbelstück besser atmen zu können.

Die Blaumänner kommen wieder und wieder auf sie zu, zeigen auf das einwandfreie Geschirr in der Kommode, die Waschmaschine.

»Sind Sie sicher, dass das alles wegsoll?«, fragen sie, und Kessie nickt nur stumm. Nach einer Stunde ist die Wohnung leer. Nur im Wohnzimmer liegen noch die Matratze und Pans Bett, daneben Kessies Gepäck und eine elektrische Kaffeemühle, mit der Dolores Nüsse zerkleinert hat, sie will sie ihr in die Kinderküche stellen.

Kessie saugt einmal durch, bevor auch der Staubsauger in den Transporter geladen wird. Pan hat sich auf den Balkon zurückgezogen – er hat Angst vor Männern und vor Staubsaugern. Sie krault ihn an den Ohren. »Morgen fahren wir nach Hause«, flüstert sie. Erst, als die Blaumänner weg sind, traut der Hund sich zurück in die Wohnung. Nachdem sie ihn gefüttert hat, nimmt Kessie den kurzen Weg ins Heim, die Kaffeemühle unter den Arm geklemmt.

Der wurmzerfressene Jesus ist zurück. In neuem Glanz erstrahlt er, ganz glatt ist seine Haut geworden von der Politur, aber er scheint nicht glücklich zu sein, die Frischekur hat sein Leid erneuert und intensiviert. Vor Sonas Zimmer bleibt Kessie kurz stehen, die Tür ist angelehnt, vorsichtig stößt sie sie auf – und stutzt. Das Zimmer ist leer, die Schnabeltasse mit der angedickten Flüssigkeit steht halb voll auf dem Nachttisch, auf der Matratze ist eine Mullunterlage, braune Flecken sind darauf zu sehen. Kessie holt ihr Handy aus der Tasche, steckt es nach kurzem Zögern zurück.

Eine Pflegerin faltet frische Wäsche im Zimmer der Mutter zusammen. Kleine Etiketten sind in jedes Kleidungsstück eingenäht worden. *Dolores Gonzales,* steht darauf und darunter eine Reihe Zahlen und ein QR-Code – jetzt ist ihre Mutter in diesem System.

»Dolores ist beim Malkurs«, sagt sie und legt ein Handtuch aufs Bett. »So langsam lebt sie sich ein, glaube ich. Sie hat uns allen das Du angeboten.«

»Das bietet sie jedem früher oder später an.«

»Gestern Abend hat sie ein paar Löffel Suppe gegessen. Sie hat zwar gemeckert, aber immerhin.«

»Ein paar Löffel reichen nicht.«

»Das wird schon«, sagt die Pflegerin.

»Wo ist Frau Sami-Murad?«

Die Pflegerin bückt sich und hebt den Wäschekorb hoch. »Das kann ich Ihnen leider nicht sagen.«

»Ist sie im Krankenhaus?«, fragt Kessie.

»Sprechen Sie mit Herrn Sami-Murad.«

Im Malzimmer sitzt Dolores neben anderen Heimbewohnerinnen an einem langen Tisch, sie trägt ein Männerhemd und betrachtet stolz ihr Werk. Bunte Muster auf einer Leinwand, Farben, die aussehen, als hätte sie ihren Nagellack zum Malen benutzt.

»Wie schön«, sagt Kessie und nimmt das Gemälde in die Hand, so wie ihre Mutter früher, wenn sie mit irgendeiner dummen Bastelei aus dem Kindergarten kam. Dolores freut sich, ihre Nägel sind lackiert, die Haare von der heimeigenen Friseurin frisiert und gefärbt. Sie sieht gut aus, die blauen Flecke im Gesicht sind abgeheilt, und dank Nazims Versorgung hat sie ein bisschen zugenommen. Kessie wünscht sich, dass ihre Mutter noch ein paar gute Jahre vor sich hat. Sie schiebt den Stuhl zurück und den Rollator neben sie.

»Jetzt gibt es Mittagessen«, sagt Kessie.

»Ist Nazim schon da?«, fragt Dolores.

Kessie öffnet die Tür und ihre Mutter schlurft den Gang entlang. Das Essen steht bereits auf dem Tisch neben dem Bett, sie nimmt die beige Wärmehaube ab, darunter warten ein Teller mit Reis und Hühnerfrikassee, ein Schälchen Salat und eine Quarkspeise. Kessie breitet die Papierserviette über Dolores' Kleidung aus, stopft ihr einen Zipfel in den Kragen und legt das Besteck neben den Teller.

»Guten Appetit.«

»Das ist ungesund«, sagt Dolores, sie fährt mit dem Finger im Uhrzeigersinn über den Tellerrand, »das ist nicht frisch und hat keine Vitamine.«

»Aber es schmeckt«, sagt Kessie und schiebt sich eine Gabel in den Mund, »schmeckt wirklich.«

Dolores lehnt sich zurück und verschränkt die Arme. »Ich esse so was nicht.«

Kessie belädt die Gabel, hält sie der Mutter hin. »Los, iss jetzt.«

»Wo ist Nazim?«

»Es gibt kein Essen mehr von Nazim.«

»Wo ist er?«

»Er ist nicht da, Mama. Und er wird auch nicht wiederkommen.«

»Sie ist tot«, sagt Dolores und lässt den Kopf hängen.

»Weil sie nicht mehr essen konnte, ja. Aber du kannst essen, also sei dankbar und probier wenigstens mal!«

»Nein!«, schreit Dolores, »ich esse so was Ekelhaftes nicht! Dann sterbe ich lieber!«

Kessie springt auf, sie knallt die Gabel auf den Tisch. Gekochter Reis fliegt durch die Luft. »Es reicht! Was fällt dir eigentlich ein? Du hast null Anrecht, Ansprüche zu stellen! Null! Verstanden? Ich bin hier«, sie schlägt sich auf die Brust, »siehst du mich? Hier bin ich, bei dir, rede dir gut zu, kümmere mich um alles, den Papierkram, die Wohnung, sorge dafür, dass es dir hier halbwegs gut geht, und das ist der Dank? Ich habe es so satt! Dass du wie eine kindliche Kaiserin alle herumkommandierst! Sei froh, dass ich mich um dich kümmere! Auf Knien solltest du mir dafür danken, sonst wärst du allein! Kapierst du das? Und jetzt iss endlich, sonst siehst du mich nie, nie wieder!« Kessie verlässt das Zimmer, knallt die Tür hinter sich zu, so laut sie kann, rennt durchs Foyer nach draußen, vorbei an den rauchenden Wächterinnen.

»Was glotzt ihr immer so?«, schreit sie. Im Gehen holt sie ihre Zigaretten hervor – und hält inne. Auf der Bank neben dem Spielplatz sitzt Nazim. Yugi steht oben auf der Rutsche, wie an dem Tag, an dem sie sich getroffen haben. Sie winkt heftig, als sie Kessie sieht, klettert die Treppe runter, rennt auf sie zu und klammert sich an ihre Beine. »Baba ist im Krankenhaus«, sagt sie, »und sie ist am Sterben. Aber Nazim und Tante Amira sagen, es ist besser so, weil sie leidet.«

Kessie geht in die Hocke und umarmt sie.

»Ich bin trotzdem traurig.«

 »Na klar. Das wäre ja auch seltsam, wenn nicht, oder?«

Kessie setzt sich neben Nazim, steckt ihre Zigaretten weg, nimmt seine Pranke und drückt fest zu. Yugi drängt sich zwischen die beiden.

»Was passiert, wenn man stirbt?«

»Das wissen wir nicht«, sagt Nazim.

»Doch, Baba hat immer gesagt, dass sie in den Himmel kommt.«

»Sie glaubt, dass sie in den Himmel kommt, aber wissen tut sie es nicht. Die Menschen glauben unterschiedliche Sachen. Weil keiner weiß, was geschieht. Vielleicht passiert gar nichts. Das glaube ich.«

»Und du?«, fragt Yugi und tippt Kessie an.

»Ich auch. Ich glaube, danach ist nichts. So wie du keine Erinnerung hast von vor deiner Geburt. Du kommst auf die Welt und dann gehst du wieder.«

Yugi schaut ihren Vater an, die Augen zu Schlitzen verengt.

»Gar nichts, wie langweilig. Den Himmel würde ich schon mal gern sehen.«

Kessie grinst.

»Schatz, geh doch mal rein und schau dir die Fische im Aquarium an«, sagt Nazim zu ihr.

»Nee, das ist langweilig.«

»Die haben neue Fische bekommen. So gelbe. Haibarben heißen die und das sind Raubfische.«

»Raubfische, echt?«

Eine seltsame Stille entsteht, als Yugi weg ist.

»Deine Mutter?«, fragt Kessie und Nazim nickt.

»Amira ist gerade bei ihr. Man hat schon palliativ eingeleitet. Sie leidet nicht mehr.«

»Kann ich irgendetwas für euch tun? Yugi ablenken?«

»Nein, danke. Ich bin ganz froh, sie bei mir zu haben. Jetzt. Es ist traurig, aber ich bin auch erleichtert. Ich weiß, es klingt herzlos. Aber die letzten Wochen waren furchtbar. Vor allem für Sona.«

Kessie nickt.

Nazim dreht sich zu ihr. »Du hast dich gar nicht mehr gemeldet.«

»Ja, tut mir leid. Jetzt zum Ende hin ist hier noch so viel zu tun.«

Er drückt die Zigarette aus und grinst. »Sehen wir uns wieder?«

»Klar«, sagt Kessie, »ich bin ja jetzt öfter hier.«

»Das sind gar keine Raubfische, Papa.« Yugi trottet auf sie zu und quetscht sich zwischen sie.

»Ich muss mal wieder rein«, sagt Kessie, »morgen fahre ich, und es ist noch viel zu tun.«

»Wohin fährst du?«

»Nach Hause. Nach Berlin.«

»Wie, du wohnst gar nicht hier?«, fragt Yugi.

»Nein, aber ich komme bald wieder. Okay?«

Yugi schlingt ihr die dünnen Arme um den Hals. »Kommst du zu meinem Geburtstag wieder? Wir gehen ins Phantasialand.«

»Ja, warum nicht? Und du kommst mich mal in Berlin besuchen?«

»Weiß nicht«, sagt Yugi. »Ich komme ja bald in die Schule, dann muss ich da jeden Tag hin. Bescheuert.«

Kessie drückt Yugi an sich. »Tschüss, mein Schatz.«

Nazim steht auf und umarmt Kessie fest. »Vielleicht schaffen wir es ja noch auf einen Abschiedskaffee?«, fragt er.

»Ja, vielleicht. Ich melde mich, wenn noch Zeit sein sollte.«

Er will ihr einen freundschaftlichen Kuss auf die Wange drücken, der dann auf ihrem Hals landet.

»Ciao.«

»Ciao.« Dolores sitzt noch immer am Tisch, als Kessie zurückkehrt. Sie hat die Gabel in der Hand und kaut. Vereinzelt liegen Reiskörner auf dem Boden. Kessie setzt sich zu ihr, und eine Weile sieht sie Dolores einfach nur beim Essen zu, zupft ihr hin und wieder die Serviette zurecht, hilft ihr beim Aufhäufeln des Frikassees, hebt Reiskörner auf und füllt ihr Wasserglas. Nach und nach isst Dolores den Teller leer.

»Bist du jetzt zufrieden?«, sagt sie.

»Ja.«

Dolores zieht sich die Serviette aus der Bluse, wischt sich den Mund ab. »War lecker«, sagt sie. »Aber ungesund.«

»So ungesund ist das Essen hier auch wieder nicht. Und wenn ich wiederkomme, koche ich für dich. Gazpacho, Tortilla. Versprochen.«

»Auch Boquerones fritos?«

»Ja.«

»Auch Arroz con Almejas?«

»Ja.«

»Cangrejos en Salsa Roja?«

»Sorry. Flusskrebse gibt es hier nicht, Mama. Noch ist die Sieg nicht der Ebro. Aber im Tiergarten gibt es welche. Die werden auch gefangen und verkauft. Ich bringe mal welche mit.«

»Im Zug?«

»Ja, warum nicht? Aber nur, wenn du auch mal Pizzasuppe isst. Die ist übrigens auch nicht so schlecht. Die schmeckt wie Ratatouille.«

Dolores sieht müde aus. Kessie wischt ihr mit einem feuchten Lappen über das Gesicht und die Hände.

»Bald fährst du weg«, sagt Dolores.

»Morgen.«

»Wann kommst du wieder?«

»Das weiß ich noch nicht. Aber Álvaro kommt nächste Woche.« Sie legt die Hand auf die ihrer Mutter. »Willst du nicht Siesta machen?«

Die Mutter nickt, Kessie hilft ihr ins Bett und schließt die Vorhänge. Dolores klopft auf die Matratze, Kessie setzt sich im Schneidersitz ans andere Ende.

»Bleibst du noch, bis ich eingeschlafen bin?«

»Du erlaubst es dir doch gar nicht, während der Siesta einzuschlafen.«

»Doch«, sagt Dolores leise, als wäre es eine Schande.

»Ist doch gut, Mama. Endlich kannst du mal so viel schlafen, wie du willst.«

»Ja«, sagt sie und schließt die Augen. »Machst du auch Siesta in Berlin?«

»Jeden Tag.«

»Aber du schläfst nicht tief.«

»Manchmal ja, manchmal nein.«

»Die Siesta ist nicht zum Schlafen da«, sagt Dolores, »nur zum Dösen. Du musst ...«

»Ja, ja«, unterbricht Kessie sie, »immer noch einen Schlüsselbund in der Hand halten können. Du hast keinen Schlüsselbund mehr, Mama.«

 »Ja. Stimmt. Lebst du immer noch allein?«

»Ja, Mama, und daran wird sich auch nichts ändern. Ich bin gern allein.«

»Ich weiß. Ist gut. *El buey suelto bien se lame*. Du bist für niemanden verantwortlich. Ist das nicht herrlich?«

»Ja, ist es.«

Dolores streckt die Hand aus, Kessie lehnt sich vor und drückt sie sanft.

»Du bist so gut zu mir. Das habe ich nicht verdient.«

»Mama, red keinen Quatsch jetzt.«

»Ich weiß, ich war nicht immer eine gute Mutter.«

»Na klar, du warst eine prima Mutter, hör jetzt auf.«

»Ich hätte keine Kinder kriegen sollen.«

»Wieso das denn nicht?« Kessie lehnt sich zurück und runzelt die Stirn.

Dolores schlägt die Augen auf. »Ich liebe dich und Álvaro sehr, aber ich war oft ungerecht zu euch. Es war so schwierig. Alles. Mutter sein. Am Anfang. Familie soll schön sein, aber ist sie nicht automatisch. Oft ist es schlimm. Und du kannst es nicht ändern. Nur gehen kannst du. Später allein war es viel besser. Für euch. Aber eine richtige Familie konnte ich euch nicht bieten.«

»Ach, Mama«, sagt Kessie und legt sich neben sie, »richtige Familie. So was gibt es doch gar nicht.«

Dolores umarmt sie, und wie früher, wenn Kessie Fieber hatte, drückt sie ihr die Lippen an die Stirn. »Sie haben mir ein Heft gegeben, im Krankenhaus. Es gibt kein Heilmittel. Ich weiß das.«

Dolores umarmt Kessie fester, richtig weh tut es. Jedes Olivenglas bekam die Mutter auf, ihre Hand knallte mit einer solchen Wucht und Präzision in Kessies Gesicht, dass sie sie für die stärkste Frau der Welt hielt, und wie schon so oft fragt sie sich, wie geht das zusammen, so viel Liebe und so viel Gewalt?

»Du machst es richtig, *tesoro*. Du bist allein, du bist frei, du lebst dein Leben. Das erleichtert mich. Verstehst du das?«

»Ja«, sagt Kessie, sie spürt die weiche Haut der Mutter, »ich verstehe dich.«

»Danke y Entschuldigung«, flüstert Dolores, und zum ersten Mal in ihrem Leben ist sie nicht nur Kessies Mutter und Kessie ist nicht nur ihre Tochter, sie sind Dolores und Kessie. Für einen kurzen Moment können sie beide sie selbst sein.

Als Charly am Morgen wach wird, schlafen alle noch. Kessie liegt neben ihr auf dem Bett, Grit und die Hunde auf dem ausgeklappten Sofa – Pan eingerollt wie ein Fuchs, Bubba in exzentrischer Pose auf dem Rücken, die Hinterläufe nach oben gestreckt, die Halskrause, die er unbedingt tragen soll, damit er sich nicht an den Nähten leckt, hängt ihm halb an der Brust. Eine Weile blickt Charly auf die Stelle zwischen Bubbas Hinterbeinen. Die Fäden sind kaum zu sehen, übermorgen werden sie entfernt, es sind gerade mal vier Stiche – selbst der Hodensack ist noch da, nur die Eier haben sie rausgenommen. Leise steht sie auf. Um zehn muss sie in der Tagesklinik sein. Sie zieht sich die Jogginghose über, schleicht zur Küche und putzt sich über der Spüle die Zähne. Fast liebevoll betrachtet sie die große Zahnlücke. *Glück kommt von Lücke,* hat ihr Vater immer gesagt, aber sie braucht erst mal kein Glück mehr – am Montag unterschreibt sie den Darstellerinnenvertrag und die Förderunterlagen vom Hauptstadtkulturfonds hat sie schon heruntergeladen. Sie wird wieder drehen, eine Hauptrolle spielen und Geld verdienen, und sie wird ein Stück schreiben – über ihre Zähne. Über Schönheit und Verführung, übers Zubeißen. Aber heute ist erst einmal der Termin. Ein übergroßes T-Shirt soll sie mitbringen. Hat sie. Das T-Shirt ist blau, *Cuba* steht vorn drauf und Vincent hat es tatsächlich in Kuba gekauft. Der letzte gemeinsame Urlaub mit seiner Frau, bevor seine Kinder auf die Welt kamen – der dann gar kein richtiger Urlaub war, weil Lisa gleich am ersten Tag das ganze Geld und beide Pässe gestohlen wurden. *Dass sie immer alles verlieren muss,* meinte Vincent, als er wieder da war und im Schmuckwinkel neben Charly auf dem Hochbett lag. So wie er sich aufregte, kam es Charly vor, als wäre ihm noch viel mehr abhandengekommen als nur sein Pass und sein Geld.

Ein paar warme Socken soll sie mitbringen. Hat sie. Von Leander. Die Socken sind alt, seine Frau hat sie gestrickt. Charly hat sie mal mitgehen lassen, just for fun, als das mit den beiden ernst wurde und seine Lina, Ida oder Mina, die damals noch seine Freundin war, schon anfing, Kram bei ihm zu lagern. *Sie ist eifersüchtig,* meinte Leander, *ist doch verständlich – außerdem hast du dich über ihren Namen lustig gemacht. Habe ich gar nicht,* meinte Charly, *ich habe nur gesagt, dass ich ihn lustig finde.* Was sie damals schon wusste: Es war das letzte Mal, dass sie Leander besuchen durfte, der Sockenklau war ein symbolischer Akt, so wie man am letzten Drehtag sein Lieblingsteil aus dem Kostümfundus mitgehen ließ. Charly wühlt in der Sporttasche. Da ist sie, Tristans Mütze. Er zog sie ihr vor vielen Jahren einmal an der S-Bahn-Haltestelle über den Kopf, als sie sich verabschiedeten und sie nasse Haare hatte, vom Regen. Es ist eine teure Mütze aus Kaschmir – Tristan mahnt Charly ständig, sie ihm endlich wiederzugeben, aber das kann er vergessen.

Bubba kommt zu ihr in die Küche getappt. Er blickt sie mit großen Triefaugen an. *Nimm mir dieses Ding um den Hals ab,* scheint er sagen zu wollen, aber Charly bückt sich nur kurz, streichelt ihn und rückt ihm dabei den Kragen wieder zurecht. Leise schleicht sie sich an den schlafenden

Freundinnen vorbei, schnappt sich die Leine und geht mit Bubba nach draußen. Auf dem Schotterweg leint sie den Hund brav an und entfernt ihm die Halskrause. Wenn er abgelenkt ist, darf das Ding ab. Brav pinkelt Bubba an einen Baum und legt ein paar Meter weiter ein Ei. Von der Wiese her ist Gebell zu hören. Bubba legt die Ohren an und schnuppert. *Es wird ein wenig dauern,* meinte die Tierärztin, *bis sich Bubbas Revierverhalten entspannt.* Die anderen Hunde werden für ihn bald völlig geschlechtslos sein. Dann wird er nicht mehr den Drang haben, andere Rüden anzugreifen oder Hündinnen zu besteigen. Eigentlich klingt das ganz gut, denkt Charly, und so richtig verstehen kann sie nicht mehr, warum sie sich so lange gegen den Eingriff gesträubt hat.

Grit sitzt mit einer dampfenden Tasse auf der Hollywoodschaukel, als Charly zurückkehrt. Drinnen hantiert Kessie mit Schüsseln, sie hört ihre Stimme, die tief und sanft klingt, wenn sie mit Pan spricht.

»Guten Morgen«, sagt Grit, »willst du frühstücken?«

»Darf ich gar nicht.«

»Aber einen Tee darfst du?«

Charly nickt.

»Guten Morgen«, sagt Kessie und betritt den Garten. Pan hebt einmal am Holunderbusch das Bein, dann macht er sich gierig über seinen Napf her und verschwindet wieder in der Hütte.

Kessie trägt einen Bademantel, der einmal Annos Mutter gehört haben muss, sie gießt sich Tee ein, dann betrachtet sie die Beete, wandert von einem Ende des Gartens zum anderen, als wäre sie in einem Museum.

»Als meine Mutter zum ersten Mal nach Deutschland

kam«, sagt sie, »war sie total verwundert über die Schrebergärten. Die Bahntrasse war gesäumt von den kleinen Gärten, und sie dachte, so wohnen die Deutschen.« Sie holt ihr Handy aus der Bademanteltasche hervor und macht ein Foto von Grit und Charly auf der Hollywoodschaukel. »Es tut mir leid«, sagt sie zu Grit, »aber es ist wunderschön hier. Ein Jammer, dass du den Garten nicht behalten kannst.«

»Ach«, sagt Grit, »wer weiß, wofür es gut ist. Einen Sommer lang macht Gartenarbeit Spaß, aber danach vielleicht nicht mehr.«

Kessie grinst. »Ein Garten ist wie ein Hund. Um den musst du dich ständig kümmern.«

»Was ist jetzt mit diesem Nazim?«, fragt Charly.

Kessie nippt an ihrer Teetasse. »Nichts.«

»Kommt er dich besuchen?«, fragt Grit.

»Vielleicht«, sagt sie und setzt sich neben Charly auf die Schaukel, »vielleicht auch nicht.«

»Bist du verliebt?«

Kessie schüttelt den Kopf. »Ich will mich auch nicht in ihn verlieben. Ich mag mein Leben, wie es ist. Ich bin gern allein. Genau wie meine Mutter. Wir können es nicht nur gut, wir mögen es.«

Grit nickt und gießt Tee ein. »Ist bei mir genauso«, sagt sie, »das ist mir hier im Garten richtig klar geworden. Ich will nicht mit Anno in so einer Schlafzimmer/Wohnzimmer-Konstruktion zusammenleben. Ich verstehe das nicht. Jede Teenagerin will früher oder später ihr eigenes Zimmer, zu Recht. Wieso geben Paare das auf, die eigenen vier Wände? Ich finde das würdelos. Selbst ein Hamster hat seinen eigenen Käfig.«

 »Ja«, sagt Kessie, »ich frage mich nur, ist es eine Beeinträchtigung, diese Kunst, allein sein zu können, an die ich mich über die Jahre gewöhnt habe, oder ein Geschenk, das ich einfach so bekommen habe.«

»Wie andere eine reine Haut«, sagt Grit.

»Oder gerade Zähne«, sagt Charly.

»Ernsthaft«, sagt Kessie, »es vergeht kaum ein Tag, an dem ich nicht in mich hineinhorche und hinterfrage, ob das nicht doch ein Mangelzustand ist, so wie es mir von überallher zugerufen wird. Aber vielleicht ist das auch egal, denn am Ende ist da nur dieses gute Gefühl, wie nach dem Sport, so eine Sauberkeit.«

Sie legt Charly und Grit jeweils einen Arm um die Schultern.

Charly kuschelt sich an sie. »Ich kenne das schon«, sagt sie, »Einsamkeit. Das ist wie Pfeiffersches Drüsenfieber, du weißt nicht, wann es ausheilt, und alle meiden dich. Das ist das Perverse an der Einsamkeit, dass du gemieden wirst, wenn du allein bist. Obwohl nur das helfen würde, liebe Menschen um sich zu haben. Wohl aus Angst vor Ansteckung.«

»Du hast doch immer Menschen um dich«, sagt Grit.

»Ja, aber ich glaube, so wirklich glücklich machen die mich nicht. Also ihr ja, aber das Trio nicht. Nicht mehr. Ich habe mich in den letzten Wochen oft einsam gefühlt. So allein mit denen, aber auch mit mir. Mit meinem Körper und meinen Entscheidungen.«

»Ich mich auch«, sagt Grit, »ich liebe meine Familie, aber ich fühle mich unter ihnen so fremd. Ich muss nicht einmal physisch anwesend sein, ich fühl mich selbst in diesem Chatroom mit denen allein. Früher waren Alice und ich so eng.«

»Du darfst dir das nicht so zu Herzen nehmen«, sagt Kessie. »Blutsbande bedeuten nicht, dass man sich ähnelt und von Natur aus Sympathie da ist. Und Menschen verändern sich eben im Laufe ihres Lebens. Dann passt es nicht mehr. Wir leiden nur so, weil wir davon ausgehen, dass die Liebe in der Familie immer gleich bleibt. Ist aber Quatsch. Du musst dir einfach entspannt denken: Ich bin anders geraten als ihr. Und das ist gut so.«

»Und«, sagt Charly, »du darfst dich nicht immer so über diesen Dirk aufregen. Wieso kannst du nicht lachen über den? Die Nachricht mit dem Fake-Fleisch und dem Kleid war so lustig.«

Grit steckt die Nase tief in ihre Teetasse. »Weiß auch nicht. Auch deswegen graut es mir vor dieser Hochzeit. Ich habe keinen Abstand, ich würde Alice am liebsten entführen, sie auf ein Pferd werfen und mit ihr in ein anderes Königreich reiten. In meins. In unseres.«

»Ziehst du denn jetzt ein Kleid an?«, fragt Charly, aber Grit tippt sich nur gegen die Stirn. Pan kommt mit einem Ball im Maul aus der Hütte gelaufen und wirft ihn vor Kessies Füße.

»Und du, Kessie, gib diesem Nazim doch eine Chance«, sagt Charly, »der scheint dich wirklich zu mögen und sich nach Zweisamkeit zu sehnen.«

»Ja, würde ich wohl auch, wenn ich ein Mann wäre. Die kommen viel schlechter alleine klar. Geht schon beim Kochen los. Wobei, Nazim kocht fantastisch. Aber überleg doch mal«, Kessie wirft den Ball, »hätte ich das falsche Geschlecht, wäre ich ein Mann, Mitte 40, alleinstehend, kinderlos und ohne Karriere, ich wäre wahrscheinlich sehr unglücklich, hätte zu viel Alkohol und Pornos konsumiert, ich wäre womöglich ein Stalker oder einfach nur ein einsamer Kerl, der sich für ganz gut aussehend hält und nicht versteht, warum er keine abbekommen hat.«

»Ich auch«, sagt Grit. »Vielleicht wären wir dann die, die den lieben langen Tag Frauen im Internet beleidigen und sich dabei mit eingeschweißten Buletten, Currywurst und Lahmacun langsam, aber sicher einen Darmkrebs anfressen.«

»Aber«, sagt Kessie, »wir haben das richtige Geschlecht. Wir sind Frauen, und wir haben keine Kinder. Von klein auf hat man uns darauf vorbereitet, dass wir uns eines Tages um andere kümmern und das als Erfüllung ansehen. Was wäre, wenn alle Frauen anfingen, dieses Wissen als Ressource zu nutzen – und zwar ausschließlich für sich selbst?«

»Das wäre krass«, sagt Grit.

Charly schaut aufs Telefon. »Sorry, ich unterbreche unsere Philosophiestunde nur ungern, aber wir müssen demnächst los. In einer Stunde muss ich da sein.«

»Fahren wir mit den Rädern?«, fragt Grit.

»Nein«, sagt Kessie, »nach so einer Narkose darfst du nicht fahren. Lass laufen. Bis zum Chamissoplatz ist es doch gar nicht so weit.«

Grit lässt den Ball ins Gras fallen. »Bist du bereit?«, fragt sie.

Charly nickt.

»Vergiss den Papierkram nicht!«, sagt Kessie.

Charly holt ihre Sporttasche aus der Hütte, sie tastet ein letztes Mal nach der Kleidung und den Formularen. Alles da. »Hä, was ist das denn?«

Auf dem Grund der Tasche liegt eine von den Schachteln, in denen Fritz den Schmuck für seine Kundschaft verschickt. *FG* steht in goldenen Buchstaben darauf.

»Von Fritz?«, fragt Grit.

Charly öffnet die Schachtel. Ein goldenes Armband aus seiner *Umarmungen*-Reihe und ein Zettel mit Fritz' zierlicher Handschrift liegen darin. *Damit Du nicht die Fassung verlierst*, steht da.

Grit räuspert sich.

»Habe ich irgendwas nicht mitbekommen, während ich weg war?«, fragt Kessie.

Vorsichtig legt Charly sich das Armband um. »Weiß nicht«, sagt sie leise, schultert die Tasche und geht vor. Grit schließt das Tor sorgfältig ab, da kann Bubba so traurig schauen, wie er will. Auf der Brücke donnert die U1 vorbei, Frauen in Joggingkleidung umrunden die feuchte Wiese, die grellgrün in der Sonne glitzert, und neben den Volleyballfeldern sausen die Berufspendler mit ihren E-Bikes die Böschung hinunter. Gemeinsam laufen sie am Baumarkt vorbei und dann zum Viktoriapark, passieren dort das riesige hölzerne Kreuz, auf der Brücke bleiben sie eine Weile stehen und betrachten den künstlichen Wasserfall.

»Um neun Uhr«, sagt Grit.

»Nein, um zehn ist der Termin«, sagt Charly, »ist noch total viel Zeit.«

»Ich meine, um neun Uhr schalten die jeden Tag den Wasserfall an. Ich habe hier neulich einen alten Mann gesehen, der ist in so Oberschenkelgummistiefeln rumgewatet und hat sauber gemacht. Der hat mir das erzählt.«

»Letztes Jahr war der Wasserfall den ganzen Sommer aus«, sagt Kessie.

»Ja, der Mann meinte, die Pumpen mussten ausgetauscht werden, und weil der Wasserfall unter Denkmalschutz steht, hat das so lange gedauert.«

Charly lehnt sich an das Holzgeländer. Bis zur Friedrichstraße kann man von hier aus sehen. Klein ragt der Fernsehturm in die Höhe, wie ein gehörnter Lutscher. »Ich hab Schiss«, sagt sie.

»Schon verrückt, dass da in uns etwas wachsen kann«, sagt Grit, »ein Lebewesen.«

»Ja. Hat was Unnatürliches«, sagt Charly, »genau wie dieser ganze Menstruationszyklus. Was bin ich froh, wenn das mal aufhört. So eine verdammte Quälerei. Meine erste Periode war noch okay, ein bisschen rosa Flüssigkeit im Schlüpfer. Das zweite Mal habe ich geblutet wie ein Schwein. Das war nach der Schule, ich bin dann schnell in eine Drogerie, habe mir Binden gekauft. Zehn Tage lang habe ich geblutet. Die Schmerzen waren unerträglich. Ich dachte nur, wie soll ich das ein Leben lang aushalten?«

»Ich weiß noch, als ich zum ersten Mal geblutet habe, hat meine Mutter mir erklärt, was los ist«, sagt Grit und dreht sich zu ihnen, »sie gab mir einen Tampon und ich schob ihn mir rein. Ich fand es lustig, dass ich nichts spürte, und dachte noch so, was machen alle für einen Aufstand, aber ich war froh, es hinter mir zu haben. Einen Monat später ist es dann wieder passiert.«

Kessie grinst. »Du dachtest, es passiert nur einmal.«

»Genau. Ich bin dann zu meiner Mutter«, sagt Grit. »Es ist ganz natürlich, meinte sie. Du wirst bluten, aber ohne verletzt zu sein. Ja, habe ich gesagt, aber ich habe ja schon geblutet. Nein, meinte meine Mutter wieder, ab jetzt wirst du jeden Monat bluten. Ich konnte es nicht fassen, einmal und fertig, dachte ich. Wahrscheinlich werde ich mich erst wieder normal fühlen, wenn das aufhört.«

»Du bist die lustigste Person, die ich kenne«, sagt Charly und küsst Grit auf die Wange.

Die wischt sich über die feuchte Stelle. »An mir ist gar nichts lustig. Ich bin ein Werwolf in den Wechseljahren. Und ich muss morgen allein zu dieser Hochzeit.«

»Kommt Anno nicht mit?«

»Nein, der muss die Gartenbegehung machen. Die ist doch verschoben worden, wegen des Unwetters, auf den Tag der Hochzeit.«

»Ich wäre gern mitgekommen, aber direkt nach dem Eingriff zu verreisen, traue ich mich nicht. Falls es doch Komplikationen gibt. Aber Kessie, fahr du doch.«

Grit schüttelt den Kopf. »Nein, Kessie bleibt bei dir. Das ist viel wichtiger. Ich stehe das schon durch. Ihr habt recht. Ich muss das alles ein bisschen lockerer sehen. Ich muss mich von meiner Schwester, wie sie einmal war, verabschieden.« Sie beugt sich tief über das Geländе, schließt die Augen und spuckt in den Wasserfall. »So«, sagt sie, »ich habe das da jetzt alles reingespuckt. Den ganzen Ärger. Meine Erwartungen. Meine Sorgen.«

»Ja, lass alles los«, sagt Charly.

»Sag so was nicht, das klingt nach Dirk.«

»Sagt meine Agentin immer.«

»Und meine Yogalehrerin.«

Kessie hält sich mit beiden Händen an der Brüstung fest, lehnt sich wie ein gespannter Bogen nach hinten und spuckt hoch und weit in den Wasserfall.

»Lass es abtreiben«, ruft sie, dann nimmt sie Charly wie ein Gentleman die Sporttasche ab und marschiert weiter.

Tagesklinik, steht groß an der Fassade. Charly drückt kräftig auf die Klingel, der Türöffner summt. Die Praxis ist leer. Sie tritt an den Tresen, hinter dem eine junge Arzthelferin sitzt, die sie freundlich begrüßt. Grit und Kessie nehmen im Warteraum Platz, Charly reicht der Arzthelferin den Beratungsschein. Nachdem sie die Unterlagen geprüft hat, steht sie auf.

»Kommen Sie«, sagt sie, »die Anästhesistin ist schon da, sie ist morgens besonders gut gelaunt, bitte erschrecken Sie sich nicht.«

Charly umarmt Kessie und Grit.

»Mach dir keine Sorgen, wird alles gut gehen.«

»Was, wenn ich nicht mehr aufwache?«

»Quatsch«, flüstert Grit.

»Und selbst wenn«, sagt Kessie, »dann kriegst du das ja gar nicht mehr mit. Besseren Tod gibt es nicht.« Sie gibt Charly einen Klaps auf den Hintern. »Und jetzt ab.«

Charly sieht noch, wie Grit ein Buch hervorholt und Kessie ihr Strickzeug, dann schließt die Arzthelferin die Tür. Sie zeigt auf einen mit Vorhängen abgegrenzten Bereich, in dem eine Liege steht. »Ich schicke Ihnen die Anästhesistin rein«, sagt sie, »Sie können sich in der Zwischenzeit hier umziehen.«

Charly holt die Kleidung aus der Sporttasche, zieht sich aus, schlüpft in T-Shirt und Socken, sie weiß nicht, soll sie die Unterhose anlassen? Sie entscheidet sich dafür, nimmt auf der Liege Platz, baumelt ein bisschen mit den Beinen, setzt sich Tristans Mütze auf und schaut auf ihre abgekauten Nägel. Sie holt die Lupe an ihrem Schlüsselbund hervor, die Grit ihr mal aus einem Kaugummiautomaten gezogen hat, und betrachtet das offene Nagelbett an ihrem Zeigefinger. Charly dachte immer, wenn sie älter würde, hörte das Nägelkauen von alleine auf, tut es aber nicht.

»Guten Morgen«, ruft eine Frau. Charly schreckt auf, die Lupe samt Schlüsselbund scheppert auf den Boden.

»Ich bin die Anästhesistin, Dr. Gabriel«, sagt die Frau und hebt den Schlüsselbund auf. »Ich habe gehört, Sie sind Schauspielerin?«

»Ja«, antwortet Charly, ihre Stimme klingt seltsam dünn.

»Mein Sohn ist auch Schauspieler. Peter Gabriel, kennen Sie den?«

»Ich dachte, das ist ein Sänger?«

»Ja, auch. Der ist an den Kammerspielen in München, spielt da gerade Richard den Dritten. Also, mein Sohn. Fand ich damals toll, ihn so zu nennen. Wie den Sänger. Den habe ich 1988 im Wembleystadion gesehen beim Amnesty-International-Konzert, da war es um mich geschehen. Haben Sie auch wirklich nichts gegessen?«

»Nein.«

»Nicht das kleinste bisschen?«

Sie schüttelt den Kopf.

»Gut, dann können Sie jetzt mitkommen.«

Charly tappt hinter ihr her in den OP-Saal.

Die Gynäkologin vom Checkpoint Charly steht da mit Mundschutz und einer Lampe auf der Stirn, als würde sie unter Tage gehen – sie nickt ihr freundlich zu. Kurz hält Charly an der Türschwelle inne, dann läuft sie auf Socken bis zum Stuhl und klettert hinauf. Die Anästhesistin legt ihr eine Plastik-Kanüle in die Armbeuge.

»Kriege ich so eine Atemmaske über die Nase wie bei *Emergency Room*?«, fragt Charly.

 »Nein, das Gehirn steuert die Atmung weiter. Sie werden tatsächlich einfach nur sehr tief schlafen und in zehn Minuten ist alles vorbei.«

Die Anästhesistin beugt sich über sie, sie steckt eine Spritze an die Kanüle, dann drückt sie die Flüssigkeit in Charlys Arm, was ihr offensichtlich eine große Freude bereitet, denn sie grinst breit und sagt: »Jetzt schicke ich Sie auf Ihre Insel.«

»Was für eine Insel?«, fragt Charly und dann fühlt sie sich auf einmal sehr betrunken, ihr wird schwarz vor Augen und sie denkt noch, dass Kessie recht hat – so stirbt es sich bestimmt sehr angenehm –, und dann ist da gar nichts mehr, keine Zeit, kein Raum, nicht mal sie selbst, ganz anders als Schlaf und doch so ähnlich, und als sie wieder wach wird, da denkt sie zuerst, sie wäre sechs Jahre alt und läge im Bett bei ihren Eltern. Sie kichert und weiß gar nicht, wieso, und dann fummelt ihr jemand am Hintern herum. Langsam öffnet sie die Augen einen Spalt, eine Pflegerin zieht einen vollgesogenen Tampon aus ihrer Vagina, sie hört, wie er in eine Nierenschale ploppt. Langsam fällt ihr alles wieder ein. Sie ist ja in der Klinik, richtig. Das Licht wird heller, in ihrem Arm steckt noch immer die Kanüle, neben ihr piept ein Gerät und vor ihr sitzen Kessie und Grit, sie halten Tassen in den Händen und tunken Gebäck in ihr Getränk, wie bei einem Kaffeekränzchen.

»Frau Kaiser, hören Sie mich?«, fragt die Anästhesistin.

»B12-Lasagne«, murmelt Charly.

Kessie streicht ihr übers Haar. »Du lebst noch, siehst du.«

Die Anästhesistin strahlt sie an. »Glückwunsch, Sie sind nicht mehr schwanger. Wollen Sie auch einen schwarzen Tee? Das wird Ihrem Kreislauf guttun.«

Kurz darauf kommt eine Arzthelferin, sie schiebt Charly ein zweites Kissen in den Rücken, sodass sie aufrecht sitzen kann, stellt eine Tasse Tee neben das Bett und ein Schälchen mit Keksen. Charly richtet sich auf, nippt an der Teetasse, tunkt einen Keks hinein, schleckt den aufgeweichten Teig weg und blickt in die amüsierten Gesichter der Freundinnen, fühlt die Binde in ihrem Slip, das weiche Kissen im Rücken und große Erleichterung.

5
MENSTRUATION

PLANTASIA

CHARLY HAT GRIT ZUR GRUPPE »PLANTASIA« HINZUGEFÜGT

Grit: ???

CHARLY HAT KESSIE ZUR GRUPPE »PLANTASIA« HINZUGEFÜGT

Kessie: Sind auf dem Weg in den Garten.
Abnahme ist durch!

Grit: Da hab ich doch nichts mehr von...können wir uns bei *Cielo di Berlino* treffen?
Ich brauche einen Drink...und eine Buchweizenpizza.

Charly: hä wieso ich denke heute ist die hochzeit
wo bist du

Grit: Bin nach der Trauung heute Morgen abgehauen...ist gestern alles ein bisschen eskaliert.

Charly: was ist passiert erzähl

Kessie: Wollen wir telefonieren?

Grit: Nein...bin schon hinter Wolfsburg...hier ist ostmäßig schlechter empfang...lass einfach bei *Cielo* treffen....ich mag nicht mehr in diesen Garten...das macht mich nur traurig.

CHARLY HAT ANNO ZUR GRUPPE »PLANTASIA« HINZUGEFÜGT

Anno: heyho

Grit: @charly lass das doch mal bitte mit dieser gruppe sein...ok?

Charly:	erzähl mal bitte kurz was passiert ist muss ja derbe sein wenn du gar nicht erst bei der feier aufgetaucht bist

CHARLY HAT FRITZ ZUR GRUPPE »PLANTASIA« HINZUGEFÜGT

Grit:	Habe mich mit Dirk gestritten....Alice hat mir den Welpen aufs Auge gedrückt am Tag vor der Hochzeit...bin dann am Rhein spazieren gegangen....wen treffe ich da? Dirk mit Kumpels...und einem Bollerwagen....an dem Wagen war eine Gummipuppe befestigt. Ich hab meinen Schlüssel rausgeholt, bin rüber und hab die Puppe erstochen
Charly:	wow du kleine fotze
Grit:	Vertrocknete tante. Du einsames graues Stück. sodbremse. Spielverderberin. Meinte er zu mir.
Kessie:	Was ist eine Sodbremse? @charly Kannst du aufhören, uns Fotze zu nennen?
Grit:	Weiß ich auch nicht ...
Charly:	hä mache ich doch gar nicht
Kessie:	Doch. Immer wieder mal.
Charly:	ich will euch damit nur R. E. S. P. E. K. T. zollen
Kessie:	Du sagst auch nicht Pimmel zu Fritz und Anno.
Charly:	nein natürlich nicht der pimmel hat nichts adeliges an sich sorry die fotze schon das englische wort cunt kommt von county
Grit:	Blödsinn....@charly du bist so eine Scheißeverbreiterin

Charly: google doch wirst sehen die fotze ist in england royal family

Kessie: Erzähl weiter @grit

Grit: Gibt nicht viel zu erzählen...habe Alice gesagt, dass ich nicht zur Feier bleibe... richtige Versammlung bei meinen Eltern gab es...wir saßen alle zusammen und ich kam mir vor wie eine Schülerin bei einer klassenkonferenz. Bin trotzdem gefahren...und froh! Die beruhigen sich schon wieder ...

Fritz: Guten Tag, Grit. Es tut mir leid zu hören, dass du Scherereien mit deiner Familie hattest. Es ist sehr schön, dass du wieder da bist.

Grit: @fritz <3 ....aber es gibt auch gute Nachrichten....ich habe 80 Seiten von meinem neuen Roman fertig.

Charly: yesssssssss

Kessie: Toll. Glückwunsch!

Grit: Ist alles noch sehr roh...aber die Idee steht. Habe ich im Garten geschrieben...@kessie ich habe deinen Rat befolgt...ich habe über Hunde und Freundinnen geschrieben

Kessie: Echt? Super!

Fritz: Herzlichen Glückwunsch auch von mir, liebe Grit.

Anno: Sollen wir es ihr endlich sagen?

Charly: @anno ich warte schon die ganze zeit hast uns ja oft genug eingeschärft dass wir nicht dürfen aber wenn du noch länger wartest platze ich

Grit: ??

Anno: die Begehung ist durch. Haben eine super Note bekommen, und wir können den Garten behalten, wir haben alle zusammengelegt.

Charly: ich habe was von meiner gage beigesteuert

Kessie: Habe Teile meiner grünen ETFs aufgelöst. Grüneres Investment als ein Garten ist quasi nicht möglich!

Fritz: Und ich habe den Prometheus wieder umgetauscht.

Anno: Der Garten gehört uns jetzt allen anteilig, du kannst deinen Anteil mit reingeben, dann haben wir das Geld fast zusammen. Meine Eltern haben schon grünes Licht gegeben. Den Rest dürfen wir nach und nach abbezahlen.

Grit: Jetzt verstehe ich....deswegen die Gruppe lol...ich bin sprachlos...echt

Kessie: @grit Komm in den Garten, wenn du wieder in Berlin bist.

Grit: Ja! DANKE! omg! CU

Anno: Ich bringe Pizza vom *Cielo di Berlino* mit. Für uns alle.

Grit: Und ich Eierlikör!!

Anno: Und Sekt:)

Charly: Sag mal @grit ein buch über uns ist das nicht total langweilig ich meine gibt es da nicht wichtigere themen

Grit: Gibt es etwas Wichtigeres auf der Welt als Hunde und Freundinnen?

Kessie: Was passiert mit uns?

Grit: @kessie Du triffst im Heim auf deine alte Jugendliebe.

Grit: @charly Du wirst schwanger und weißt nicht von wem.

Anno: Und was passiert mit dir?

Grit: Ich ziehe mir dir zusammen. In die Wohnung auf der Crellestraße, wo ich ein eigenes Zimmer bekomme.

Anno: GUTES ENDE

DANKE

Ich danke allen, die diese Geschichte in all ihren Dutzenden ersten und letzten Stadien gelesen haben, für Leseeindrücke und Gedanken, die Ihr mit mir geteilt habt: Jan Brandt, Rasha Khayat, Christian Kaps, Yael Inokai, David Wagner, Ana Valeria González, Shin May Ho, Marleen Böcker, Felix Randau, Tabea Venrath, Daniela Janjic, Vera Klocke, Julia Eichhorn. Ich möchte meinem Verlag danken: Kiepenheuer & Witsch, vor allem meiner Lektorin Mona Leitner. Danke an Julia Krumhauer, Svenja Hinrichs, Claudia Jürgens und Regina Kruck für die Hilfe bei der Herstellung dieses Buches. Danke an alle Hunde und Frauen, die mir auf meinen Spaziergängen begegnet und ans Herz gewachsen sind: Mirjam, Lena, Bruno, Marleen, Romy, Nicole, Rufus, Bela, Vivian, Diana, Kay, Bo, Maria, Tuco, Pippo, Penny, Christian, Berit, Tyra – danke an alle Hundefrauen von der Roten Insel und alle meine kinderfreien Freundinnen, die mich inspiriert haben, diesen Roman zu schreiben. Danke an meinen Hund Pinsel, ohne den ich dieses Buch nie hätte schreiben können. Und danke, Berlin – du barbusige Bitch, du pure Hure –, ich liebe dich.